A filosofia, como interrogação fundamental e primeira, é a preocupação permanente do homem. Com o intuito de permitir o acesso desta disciplina a camadas do público cada vez mais largas esta colecção preenche uma etapa necessária do conhecimento filosófico.

Sócrates

Título original:

Introduzione a Socrate

Tradução: António José Pinto Ribeiro

Capa de FBA

Depósito Legal n.º 186197/02

Biblioteca Nacional de Portugal – Catalogação na Publicação

ADORNO, Francesco

Sócrates. - (Biblioteca básica de filosofia; 30)
ISBN 978-972-44-2070-7

CDU 1 Sócrates

Impressão e acabamento:
CASAGRAF
para
EDIÇÕES 70
Setembro de 2002

EDIÇÕES 70, uma chancela de Edições Almedina, S.A.
Avenida Engenheiro Arantes e Oliveira, 11 – 3º C - 1900-221 Lisboa / Portugal
e-mail: geral@edicoes70.pt

www.edicoes70.pt

Francesco
Adorno

Sócrates

70

Francesco Adorno

Sócrates

edições 70

I. O PROBLEMA SÓCRATES

1. *As 'sementes' socráticas. Sócrates e o 'escrever' na interpretação platónica. Outras interpretações da função de Sócrates.*

Quem tenha alguma familiaridade, filológica e histórica, com a cultura e a história gregas, cujo âmbito se estende desde meados do século V até meados do séc. IV a.C., desde que tenha a intenção de reconstruir, filológica e historicamente, no âmbito de uma determinada cultura e de todo um ambiente, a figura de Sócrates e qual foi o significado da sua *palavra* e da sua *morte,* dentro dos limites daquela história e daquela mesma cultura, e queira dar-se conta da problemática que aquela morte, acontecida em 399, depois suscitou, vê-se extremamente embaraçado.

A impossibilidade de delinear um qualquer «retrato sistemático» deste homem não é apenas devida ao facto de, como é sabido, ele nada ter escrito, de pouquíssimos e por vezes contraditórios serem os dados que temos da sua vida, mas, sobretudo, ao facto de as próprias 'fontes' (desde a de Aristófanes às de Platão, de Xenofonte, de Aristóteles, para não falar do pouco que restou de Antístenes, de Aristipo, de Euclides, de Ésquines de Esfeto, de Polícrates), serem todas elas 'interpretações', sem dúvida referidas à história, mas, exactamente por isso, modos diferentes de colocar a função de Sócrates, conforme o tempo, a personalidade do autor, as suas concepções, a sua formação, tudo isto aspectos múltiplos, graças aos quais as *sementes* de Sócrates frutificaram. Numa célebre página do *Fedro* (276e-277a), Platão, apresentando um Sócrates dialéctico e protréptico, inteiramente empenhado em fazer com que os outros, sejam eles quais forem, saibam pensar, se formem a si mesmos através do próprio 'saber pensar', independentemente do propor uma qualquer doutrina própria, fará exclamar a Sócrates:

> Empenhamento muito mais belo é quando alguém, servindo-se da arte dialéctica, tomando uma alma apropriada, nela *planta* e nela *semeia,* com ciência, discursos que são capazes de ajudar aos próprios e a quem os plantou, e que não são infrutíferos, mas têm em si germes donde brotarão outros discursos plantados em outras pessoas, discursos capazes de produzir esses efeitos sem nunca falhar e de tornar feliz quem possui tal dom, tanto quanto ao homem isso é possível.

E na *Apologia* (33 a-b), provavelmente em oposição a quem, mesmo depois da morte de Sócrates, tinha justificado a actuação da restaurada democracia, acusando uma vez mais Sócrates de ter sido o mau génio inspirador de certos personagens políticos de Atenas (um Alcibíades, um Crícias), que actuando individualmente teriam arruinado a Cidade, Platão faz dizer a Sócrates que ele na realidade não teve nenhum discípulo, que ele não ensinou nenhuma *doutrina,* que apenas procurou fazer com que as pessoas pensassem com a sua própria cabeça:

> Eu, de facto, nunca fui mestre de ninguém: só que, se falando ou considerando aquela que é a minha função, alguém me quis ouvir, jovem ou velho, nunca disse que não: nem é verdade que eu fale desde que retire ganho e não fale em caso contrário; pelo contrário, eu estou igualmente à disposição do pobre e do rico, de quem me queira interrogar e tenha desejo de ouvir o que eu respondo. Se depois alguém, por causa destes encontros, vier a tornar-se homem de bem ou não, não seria justo que recaísse sobre mim a responsabilidade disso, porquanto a ninguém prometi ensinar nem jamais ensinei uma qualquer *doutrina;* e se alguém afirma ter aprendido ou ouvido de mim, em privado, algo que não aprenderam nem ouviram também todos os outros, estai certos de que esse não diz a verdade.

E será sempre para defender Sócrates, depois de Sócrates, da acusação de ter sido o mau génio inspirador de Crícias e de Alcibíades, que Xenofonte sublinha uma vez mais, embora de forma mais banal, menos histórica que Platão, certamente contra a tomada de posição sobre o 'caso Sócrates' por parte do sofista Polícrates, verificada por volta de 393 — provavelmente retomando o próprio Platão —, que Sócrates foi essencialmente um protréptico, uma mestre de vida, um homem que procurou fazer pensar os outros, encaminhar os outros para saberem raciocinar, viver, em cada circunstância, segundo a razão, racionalmente e não levados pelas paixões, ao acaso:

> E no entanto, continuava o acusador, Crícias e Alcibíades, que foram amigos de Sócrates, causaram muitíssimos danos à cidade [...] Eu não os defenderei, por certo, se eles fizeram mal à cidade: explicarei apenas como é que se estabeleceram as suas relações com Sócrates. Estes dois eram, por natureza, os mais ambiciosos de todos os Atenienses, desejosos de levarem a cabo sozinhos toda e qualquer empresa e de adquirir o maior renome entre todos. Sabiam que Sócrates vivia com muito poucos haveres de maneira absolutamente independente, que era extremamente moderado em cada paixão e que com os seus discursos podia fazer o que quisesse de quem quer que com ele falasse. Vendo isto e sendo como já se disse, quem admitirá que ansiaram pela companhia de Sócrates para alcançarem o seu teor de vida e a sua sabedoria e não antes porque acreditavam que, tendo-se feito seus amigos, se tornariam peritíssimos na palavra e na acção? A meu ver, se um deus lhes tivesse concedido viverem toda a vida no mundo que viam Sócrates viver ou então morrer, eles teriam escolhido a morte. E mostraram-no com factos: porquanto mal se sentiram superiores aos outros, logo se afastaram de Sócrates, dedicaram-se aos negócios públicos, em vista dos quais tinham procurado a sua companhia [...] Assim, Crícias e Alcibíades, enquanto permaneceram próximos de Sócrates, tendo-o como aliado, puderam dominar os prazeres não belos: uma vez separados dele [...] *esqueceram-se de si próprios* [...] E então, [...] o acusador atribui a culpa disso a Sócrates [...] Mal se consideraram melhores que os outros politiqueiros deixaram de andar com Sócrates; e de resto nem sequer era muito bem aceite por eles e, se o visitavam, agastavam-se por serem repreendidos pelos seus erros (Xenofonte, *Ditos memoráveis*, I, 2.12-6.24.26.47).

Poderíamos agora, de ricochete, tomar outros textos de Platão (sobre o Sócrates que só fala a quem lhe parece apropriado, sobre Alcibíades que quando encontra Sócrates foge dele porque o faz ter vergonha de si mesmo, sobre o Sócrates célebre que convida cada um a ser ele próprio, a conhecer-se), e, pondo-os ao lado destes e de outros de Xenofonte, mostrar semelhanças, e, por meio de uma análise minuciosa, diferenças, embora num fundo comum, das duas interpretações de Sócrates, a platónica e a de Xenofonte. Mas, para já, isso não interessa. Aqui interessa, na abertura, apontar para outra coisa, ou seja, para o facto de que desde o princípio até depois da morte de Sócrates, uma vez aberto aquilo a que chamávamos o 'caso Sócrates', há quem tenha apostado, ou hagiograficamente numa reconstituição de um Sócrates moralista e pregador (Xenofonte), ou historicamente numa reconstrução do personagem Sócrates, vivo, actuante e detentor de uma certa função em Atenas, atento a toda a situação cultural, crítico e problemático (Platão), com base num Sócrates que, na realidade, não teria tido qualquer doutrina, não teria delineado qualquer sistema, que não teria sido 'positivamente' mestre de ninguém, que precisamente por isso não teria escrito nada e de quem apenas permaneceriam os *frutos,* os frutos daquelas *sementes,* frutos diferentes conforme o terreno em que teriam sido lançadas propositadamente.

Sob este aspecto tornam-se extremamente sugestivas as páginas do *Fedro* onde Platão explana a razão pela qual Sócrates não teria escrito nada, já que o escrever é sempre, em última análise, um discurso que constitui um certo sistema, que se torna o 'passado', que já não tem em conta os outros, que não se faz e se diversifica de cada vez dialecticamente, situação por situação, formando homens que sejam de facto em cada circunstância eles próprios, vivendo no presente que projecta o futuro; ele pelo contrário refere-se a «papagaios das musas alheias», do passado e por isso mesmo, no sistema e na ordem dada, não criticamente discutida, a homens mortos, seja qual for a posição assumida, ainda que novíssima. E daí, é claro, a *irritação* que, segundo Platão, Sócrates suscitava em quem quer que se encontrasse com ele, em todos, independentemente do seu lugar, ricos ou pobres, oligárquicos ou democráticos, e por conseguinte, as acusações de impiedade, de corrupção dos jovens, as acusações de ter sido o instigador de Alcibíades e de Crícias por parte da esclerosada democracia ainda ligada à ordem teológico-política dos tempos imediatamente posteriores às guerras persas; e a acusação, inversamente, de ser um 'democrático', um homem que formava homens em relações de razoabilidade comum, mediante a discussão, por parte dos oligárquicos e dos grandes senhores que agiam pessoalmente, independentemente da *politèia* ateniense, e da parte dos próprios sofistas. Platão faz, pois, dizer a Sócrates:

[o escrever], de facto, ocasionará, por falta de exercício de memória, o esquecimento nas almas de quem aprender, pois que se lembrará das coisas fazendo fé no escrito, *a partir de fora, por meio de índoles alheias, não por si, por pro-*

cesso íntimo. Não encontraste portanto um remédio para conservar as recordações, mas antes para evocá-las. Aos discípulos darás uma aparência de saber, não a verdadeira ciência; graças a ti, tendo conhecimento de tantas coisas sem nenhum ensinamento, julgarão ser muito doutos e serão na maioria dos casos muito ignorantes, e até difíceis de suportar, porquanto serão *sombras de sapientes,* não sapientes autênticos [...] E o escrito também tem isto de terrível: assemelhar-se verdadeiramente à pintura. Com efeito, as criaturas geradas por esta erguem-se como seres vivos: mas se se lhes pergunta alguma coisa mantêm solenemente um absoluto silêncio. Os discursos fazem o mesmo: julgar-se-ia que falassem encerrando um pensamento, mas se se interrogam, pretendendo aprofundar alguma das coisas ditas, significam uma só coisa e sempre a mesma. Assim, uma vez escrito, todo o discurso vagueia por todo o lado, junto de quem sabe e de quem não sabe absolutamente nada, e ignora a quem deve e a quem não deve falar. Ofendido e vituperado injustamente, tem sempre necessidade da ajuda do pai; é incapaz de, por si próprio, defender-se e ajudar-se [...] E então? Examinaremos um outro discurso, irmão legítimo deste, com que características se produzirá e em que aspectos será melhor e mais capaz que aquele? [...] É o discurso que se escreve, juntamente com a sabedoria, no ânimo de quem aprende; ele é capaz de defender-se e sabe com quem convém falar ou ficar calado [...] O discurso de quem sabe, vivo e animado, do qual justamente o discurso escrito poderia dizer-se uma imagem [...] Será que o agricultor inteligente, semeando no Verão, com toda a seriedade, as sementes que lhe são caras e quer que dêem frutos, nos jardinzinhos de Adónis, se alegra vendo-as crescer, viçosas, em oito dias? Ou fá-lo-á apenas, se o chegar a fazer, por puro divertimento e por causa da festa? E para as que lhe estão a peito, servindo-se da arte agrária, semeando-as no terreno próprio, não se alegrará de facto se, em oito meses, atingirem completo desenvolvimento todas as que foram semeadas? [...] Creio, porém, que [...] seja trabalho muito mais belo quando alguém, servindo-se da arte dialéctica, tomando uma alma apropriada, nela semeia e planta com sabedoria discursos que são sempre capazes de vir ajudar o próprio e quem os plantou ou que não são estéreis, mas encerram em si um germe donde brotarão outros discursos, plantados em outras almas [...] (*Fedro,* 275a-b.d-276 a-c, 277 a).

Esta página deve sem dúvida entender-se como uma 'interpretação' que Platão dá do facto de Sócrates não ter escrito nada e deve, por outro lado, ser relacionada, dentro do contexto do *Fedro,* com aquilo que constitui, no *Fedro,* o problema de fundo, a função da *retórica,* que, válida dentro dos limites do horizonte humano, da opinião, da empiria e do jogo dos afectos (sem sentido gorgiano), deve encontrar amontoados, mediante a dialéctica, os seus fundamentos adialécticos, as premissas científicas e inatacáveis; e aqui, em tal procura dos fundamentos científicos do discurso, para que seja possível uma ciência política e uma ciência ética, reside a profunda oposição de Platão à retórica gorgiano-sofística e isocrática, que se funda toda ela, pelo contrário, no jogo dos afectos, permanecendo dentro dos limites da própria relação afectiva humana, que é sempre temporal, cultural, e por isso mesmo histórica. Dentro destes limites, Platão, historicizando e tornando vivo o debate de toda uma cultura, como a que se tinha vindo a constituir na Atenas que vai desde meados do século V em diante, para dar-se conta dos contributos daqueles debates na altura em que ele próprio está actuando (depois de 399), e para inserir-se fecundamente na vida cultural-política de Atenas e da Grécia, situa a figura de Sócrates e interpreta os «discursos» socráticos como modificações dos «discursos» sofísticos e das discussões sobre a função das ciências, como tendo um significado dialéctico, mediante o qual, de cada vez, se determinam as possibilidades de discursos científicos. Mas aqui o discurso torna-se outro, torna-se discurso sobre Platão, e, agora, não interessa redescrever a postura do pensamento de Platão, nem certos desenvolvimentos daquele pensamento: desde o encontro, através da 'dialéctica', entendida como aquilo mediante (διά) o que se determina o raciocinar (λέγεσθαι), como discussão de cada premissa, de redução em redução das premissas (segundo o método redutivo dos geómetras), até à premissa já inatacável a que todos devem chegar porque não contraditória e por isso mesmo necessariamente co-raciocinada (ὁμολογία), necessariamente convincente; ao encontro — mediante isso — das condições racionais, para que seja possível uma certa vida ético-política, racionalmente fundamentada, perante a outra que se fundamenta no plano afectivo, empírico, e que por isso toda ela se decide não no âmbito racional-científico, mas nos termos da retórica; à impossibilidade, por fim, de poder justificar aquelas mesmas premissas, a não ser dentro do discurso que se move e se dialectiza (dicotomicamente) por aquelas mesmas premissas, em discursos de tipo matemático e geométrico, ou então, para os restantes, mediante uma narração (mito) verosímil, sabendo que se estão a avançar hipóteses. Por isso, confessa honestamente Platão na *VII Carta,* ele jamais escreveu acerca das sumas verdades, da essência, das razões do todo, da natureza naturante, porquanto acerca de tudo isso, na realidade, apenas avançou *mitos,* retoricamente úteis para encaminhar a massa não filósofa para aquelas razões de vida e de relações humanas a que só os filósofos chegam.

Sobre tais assuntos não há, nem jamais haverá um meu escrito. Daquilo que constitui o seu objecto não se deve falar [ῥητὸν] como se faz para as outras ciências, mas quando se tem longa familiaridade com tais problemas, quando se vive com eles, então a verdade brilha repentina na alma, como a chama da centelha, e seguidamente alimenta-se de si própria. E no entanto eu sei ao menos isto, que tais argumentos escritos ou ditos por mim seriam ditos do melhor modo; e sei também que se fossem mal escritos eu teria com isso um grande desprazer. Mas se considerasse oportuno pôr por escrito tais coisas de maneira adequada para serem entendidas pela massa e que se podem dizer [ῥητά], o que de mais belo poderia colher na minha vida que escrever acerca de tais verdades utilíssimas para os homens e pôr ao alcance de todos a *physis*? (*VII Carta,* 341 c-d).

Parece claro que, relativamente ao 'escrever', esta página da *VII Carta* (e outras poderíamos citar, de outros diálogos platónicos) está no polo oposto da do *Fedro.* Na *VII Carta* trata-se do ponto de chegada, dos próprios fundamentos a partir dos quais o pensamento se desenvolve. A isto, aliás, e inversamente *(Fedro),* se chega encaminhando no sentido de saber pensar, discutir, de cada vez, as opiniões, de modo a conseguir captar as condições de um discurso já não objectável e por isso verdadeiro. E nisto, segundo Platão, teria consistido o «discurso» socrático — a 'dialéctica' e a 'braquilogia' de Sócrates —, de cada vez, todas as vezes, portanto, novo, sempre diferente conforme o interlocutor, a situação, a opinião em discussão. Vê-se bem, então, como Platão tende a esclarecer qual foi, na sua opinião, dentro do âmbito de uma certa e determinada cultura, debatida em Atenas entre 450 e a morte de Sócrates, a função do 'diálogo' socrático, dos chamados '*lógoi*' socráticos. É verdade que Platão, quando avançou a sua 'interpretação' de Sócrates, fê-lo em contraposição a outras interpretações dos *lógoi socráticos,* a outros 'frutos' daquelas que foram as 'sementes' de Sócrates, que tinham fecundado outros terrenos. Platão tinha sem dúvida presentes, à parte o Sócrates de *As Nuvens* de Aristófanes, o Sócrates e os *lógoi socráticos* dentro dos termos das discussões sofísticas (em particular dentro dos termos das *antilogias* protagóricas, bastante diversas da retórica gorgiana) e da dialéctica de derivação zenoniana, referidos e interpretados, de modo específico, por um Antístenes e por um

Euclides (e aqui pensamos nos aspectos da lógica antisténica e da euclidiana).

Se de tais discussões, se em tal tomada de consciência do que foi Sócrates, se vem delineando o Sócrates de Platão e aquela que foi, em função da sua problemática histórica, em situações e ambientes bem precisos, a função 'histórica' de Sócrates, e portanto também a interpretação platónica do 'discurso socrático', móvel e sempre novo, nada voltado para a contemplação de uma ordem que é, mas a fazer pensar, a fazer com que cada um pense sempre segundo a razão, parece claro o significado dado por Platão à 'dialéctica' socrática. Se o próprio modo de raciocinar consiste nesta mesma 'dialéctica', então ela, enquanto protéptica, enquanto tensão para discutir, de cada vez, a validade de toda a proposição e opinião, sempre possível e diversa, não só apenas pode voltar-se para o plano humano, e por isso mesmo é encaminhamento para uma lógica e para uma ética, como apenas pode ser discurso vivo, neutro pelo conteúdo, sempre novo, e por isso mesmo não definível, orientado não a construir doutos, mas homens. Tais são, pois, segundo Platão, intérprete por sua vez dos 'frutos' socráticos, as razões pelas quais Sócrates não teria escrito nada (diz Platão que ele só teria escrito uma vez «fábulas», e, pelo que dissemos, o facto de ter escrito 'fábulas' é muito indicativo) e tal é, nele, e para ele, o significado das 'sementes'.

Não foi por acaso que citámos atrás Antístenes e Euclides; para já, deixando ainda de parte Aristófanes (cuja obra, *As Nuvens,* remonta a um período em que Sócrates tinha cerca de 45 anos, o ano de 423, e que provavelmente representa uma situação e uma problemática diferentes) e Xenofonte (cujas obras socráticas são muito mais tardias e parece terem sido compostas mais de um vinténio após a morte de Sócrates), poderíamos citar Ésquines de Esfeto, o próprio Polícrates e, talvez, Aristipo.

Antístenes e Euclides de Mégara, diferentes de Platão pela sua origem cultural e social, mais velhos que ele (entraram em contacto com Sócrates depois do ano 420), meio ateniense Antístenes, não de Atenas Euclides, através das suas relações com Sócrates — se tivermos presente qual é o significado dado ao 'discurso socrático' de Platão —, embora de formas diversas, transformaram alguns aspectos da lógica sofista (nela incluindo a 'retórica' gorgiana, as antilogias protagóricas e os estudos sobre a linguagem de Pródico) e da eleática (particularmente os possíveis êxitos da dialéctica zenoniana) na postura da dialéctica «como problema de interditos lógico-linguísticos, utilizando num sentido novo materiais que eram já conhecidos dos sofistas (1), precisamente através da problemática colocada por Sócrates. Não é por acaso que o próprio Platão, em certos textos do *Eutidemo,* do *Parménides,* do *Sofista,* repercorrendo ao invés uma possível linha da temática e da influência de Sócrates, mostra, embora nas entrelinhas, tais êxitos da problemática lógico-linguística de Sócrates (no *Parménides,* através de Zenão, ou a solução gorgiana ou a aporeticidade dialéctica platónica; no *Eutidemo,* as soluções de um tipo de lógica neo-sofista, inteiramente fundada nas análises dos deslizes linguísticos, com claras alusões a Antístenes; no *Sofista,* um Sócrates representante de uma 'nobre sofística', ainda que não deva confundir-se com aquelas que segundo Platão tinham sido as degenerescências da sofística, com novas prováveis alusões a Antístenes e a Euclides, provavelmente em resposta às críticas feitas à lógica platónica precisamente por Antístenes e Euclides). E não apenas isto, mas quer um quer outro teriam referido, dentro destes limites, as discussões com Sócrates, já antes de Platão (ou, pelo menos, logo a seguir à morte de Sócrates) e, seguidamente, em polémica com a interpretação que precisamente contra eles Platão vem dando ao aspecto protréptico da dialéctica socrática, teriam polemizado com Platão, num entrelaçamento de motivos e de problemas comuns, que vão desde a lógica e da possibilidade, ou não, de passar do discurso que se passa integralmente dentro do âmbito humano, em 'universos' de discurso bem definidos (Antístenes, Euclides) ou, numa constituição da própria relação humana, horizontalmente, temporalmente, numa prossecução da retórica gorgiana (Isócrates), para o próprio discurso do todo, onde através da dialéctica possa captar-se a decomposição dialéctica do todo, atemporal, e cientificamente deduzível (Platão), às implícitas questões éticas e políticas.

E não deixa de ter importância, a partir de agora, lembrar que alguns fragmentos de textos de Antístenes tiveram como assunto discussões semelhantes às de Platão, como, por exemplo, as razões pelas quais Sócrates teria sido amigo de Alcibíades. E assim, por outro lado, é não pouco indicativo que Diógenes Laércio (I 14, 19), muitos séculos depois, reconstruindo

(1) C. A. Viano, *La dialettica stoica,* in «Rivista di Filosofia», 1958, p. 190.

a posteriori 'sucessões' e genealogias, historicamente bastante perigosas, ligue em todo o caso, de maneira muito penetrante, a «ética dialéctica» de Sócrates à do neo-académico Clitómaco de Cartago (que viveu no séc. I a.C.), subentendendo, ao lado da interpretação platónica, e em confronto com ela, toda uma corrente lógico-céptica, que nega todo o possível conhecimento da textura ôntica, que passa através de Zenão estóico, que poderia também ter tido os seus inícios em Sócrates, assim como, derrubando os limites, no plano do possível discurso científico, atemporal, a linha que desemboca em Platão e, depois, no método de Aristóteles (e é aqui que deve ver-se a importância do testemunho aristotélico sobre Sócrates e sobre o significado da procura das «definições»).

Também não parece de pouca importância ter presente o pouco que nos chegou de Ésquines de Esfeto. Dele, dito o 'socrático' (para não o confundir com Ésquines orador), a cabeça menos filosófica do grupo dos companheiros de Sócrates, uns sete anos mais velho que Platão, sabemos pouquíssimo para além do facto de ter estado muito ligado a Sócrates e de, precisamente pela sua não 'filosoficidade', ter sido eventualmente aquele que, embora sem brilho, terá reportado de maneira mais precisa as discussões de Sócrates: donde, talvez, a significativa historieta segundo a qual «a maior parte dos diálogos que passavam por ser trabalho seu serem de facto de Sócrates e de ele os ter obtido da mulher de Sócrates, Xantipa» (Diógenes Laércio, II 60). Dele, infelizmente, temos apenas escassos fragmentos, e, ao que parece, os seus 'diálogos socráticos' tê-los-ia composto cerzindo num todo, ao sabor da situação, testemunhos sobre as discussões de Sócrates tirados de outros (em parte de Antístenes, como parece ser o caso do seu *Alcibíades,* em parte de Aristipo, com quem esteve ligado por contrastada amizade). É verdade que os 'diálogos' de Ésquines de Esfeto foram compostos, sucessivamente, quando estava bem viva a discussão sobre o 'caso Sócrates'; parece que a partir de 395, também, sem dúvida, concomitantemente com alguns diálogos de Platão, pelo qual, ao que parece, nutria uma forte antipatia (como, por exemplo, *Alcibíades* e *Aspásia,* que, em parte, evocam, além do *Alcibíades* de Antístenes, o *Alcibíades I* e o *Menéxeno* de Platão; é verdade que é por todos, positiva ou negativamente, como no caso de Polícrates, posto em realce um dado histórico significativo: as relações de Sócrates com personalidades de Atenas bem precisas, de Aspásia-Péricles a Alcibíades, no âmbito da história política de Atenas e da sua crise, a ponto de o 'caso

Sócrates' se ir definindo cada vez melhor como o 'caso Atenas', também ele 'fruto', pelo menos para alguns, da 'semente' socrática). Seja como for, e é isso que interessa sublinhar agora, dos fragmentos de Ésquines de Esfeto, em particular do que nos chegou de *Aspásia,* dimana um Sócrates extremamente aberto, problemático, que, de cada vez, tenta compreender as razões de outrem, dando a cada um a possibilidade de dar-se criticamente conta das suas razões.

E assim, também dos testemunhos sobre Aristipo, homem de outra cultura que não da ateniense, de uma certa e determinada origem social, se extrai, uma vez mais, a função de um Sócrates protréptico, ao mesmo tempo estimulante e irritante, todo orientado, sempre, conforme o interlocutor do momento (mesmo histórico), no sentido de que cada qual seja na verdade ele próprio, tenha consciência do seu modo de agir e de pensar, em situações precisas, em condições históricas e em ambientes bem determinados, não se dirigindo nunca à humanidade, mas a este ou àquele homem, deste ou daquele ambiente, ele ateniense, numa pequena cidade quanto ao número de habitantes livres, dirigindo-se a atenienses.

Deveremos, por um lado, voltar a Antístenes e Euclides de Mégara, por outro lado, a Ésquines de Esfeto, Polícrates, Aristipo, mas, sem dúvida parece poder dizer-se desde já, embora com resultados diferentes e mesmo opostos — quer se resolva a questão num plano lógico-empirístico, quer nos encaminhemos para uma pesquisa que capte os fundamentos da ciência e por isso também do discurso político, quer se conclua por um razoável equilíbrio, tendo em conta as formações culturais, as situações políticas, as possibilidades de cada um, em conclusão, relativamente a uns resultados como aos outros (sem dúvida 'frutos' que já não são, uma vez amadurecidos, as 'sementes' de que foram gerados, porquanto eram também diferentes, precisamente, os 'terrenos') —, que se conclui que a postura socrática está inteiramente voltada para o saber pensar, para colocar as condições para se conseguir discursos correctos. E precisamente por isso, de cada vez, a questão esboça-se de modo diferente, sem preconceitos, maleavelmente, sem um saber já dado à partida; mais, num saber que se vem constituindo, uma e outra vez, através da própria pesquisa.

2. *O problema das 'fontes' e as dúvidas sobre o Sócrates histórico.*

Isto explica porque é que Sócrates, propositadamente, não teria escrito nada. Mas isto põe também em evidência as razões pelas quais a crítica mais recente chegou à negação da existência de uma 'filosofia' socrática, para sublinhar (explorando em particular certos textos de Platão, talvez demasiado unilateralmente, sem ter na devida conta aqueles textos em que se trata da 'braquilogia' socrática, do claro reconduzir dialecticamente o discurso às suas premissas, textos que teriam levado a entender melhor o aspecto protéptico-lógico, voltado para a definição, e que, na esteira de Platão, será depois retomado por Aristóteles, na sua exposição da função desempenhada por Sócrates, e na sua interpretação da interpretação platónica), que «a 'filosofia' a que Sócrates dedicou a sua vida não é metafísica, dogmática ou céptica, e muito menos ciência 'popular', mas pesquisa de vida ética pessoal» (Maier, 1913 (2)); em contrapartida, quando se quis encontrar uma 'filosofia' de Sócrates (mas o equívoco permanece, quer se diga 'filosofia' ou 'não filosofia', pelo assumir com significado não histórico a categoria 'filosofia'), a crítica chegou à periodização do processo do pensamento socrático (de uma não filosofia a uma filosofia) até fazê-lo terminar nos mesmos resultados de Platão (Burnet, Taylor; 1911, 1913); ou então, ainda, na impossibilidade de reconstruir a posição histórica de Sócrates, concluiu-se que «a obra, a vida e a morte de Sócrates são uma ficção literária» (Dupréel, 1922), que o socratismo é uma 'lenda' e um símbolo, devido a Platão (Magalhães-Vilhena, 1952), até — tendo de facto presentes todas as fontes, mas, quiçá, não as historicizando até ao fundo — defender que a figura de Sócrates é fruto da imaginação, tanto assim que mesmo que Sócrates não tivesse existido as várias componentes ditas socráticas teriam igualmente existido, já que o socratismo derivaria das obras dos sofistas e dos eleatas tardios, tornando-se assim forma literária já antes de Platão (Gigon, 1947).

Sem dúvida que cada uma destas teses tem algo de verdade, tal como têm algo de verdadeiro também as teses que

---

(2) Advertimos uma vez por todas que para as indicações bibliográficas exactas das obras citadas remetemos para a nota sobre a *História da crítica* e para a *Bibliografia.*

exploraram, de modo particular, quer os testemunhos de Xenofonte, analisando os seus tempos, condição histórica e outros aspectos vários (cf. adiante, *História da crítica* e *Bibliografia*), quer os de Aristóteles, embora se tenha mostrado enganoso (cf. em particular Maier, 1913) o Sócrates 'inventor do conceito' (Zeller, 1846; Pölhmann, 1899, 1906; Joël, 1912), derivado de um aprofundamento do significado da delineação aristotélica (Deman, 1942). E assim tem uma importância decisiva não pôr de lado o testemunho de *As Nuvens* de Aristófanes (embora na caricatura de Sócrates, esteja indubitavelmente uma representação histórica do que Sócrates foi, antes de 423, já que, bem ou mal, Aristófanes apresentava em Atenas um Sócrates vivendo Sócrates, e no fundo de toda a calúnia política, ou caricatura, há sempre, como é sabido, uma margem de realidade, a possibilidade de um tipo de interpretação), para procurar periodizar momentos diferentes da formação de Sócrates e da sua diferente maneira de apresentar-se e movimentar-se ao longo do tempo, no âmbito de uma certa cultura, sem ter de repetir com Tovar (1945^2), que, tanto quanto sabemos, Sócrates «nasceu velho». E se uma retomada dos estudos na fonte Aristófanes é fundamental (cf. *Bibliografia*), igualmente interessante é rever, através de Platão, a função do discurso socrático, não só como constituinte da possibilidade da ciência, mas também como capacidade terapêutica e encantatória, libertadora, sem com isto chegar ao ponto de defender que Sócrates teria sido o primeiro xamã do Ocidente (Grimaldi, 1968).

A verdade é que, apesar dos 'muitos' Sócrates — e mesmo em Platão e Xenofonte encontram-se 'vários' Sócrates —, sabemos pouquíssimo da sua vida. Sabemos que nasceu em Atenas, filho do escultor Sofronisco e de Fenareta, da tribo Antióquide e do demo de Alopece, por volta de 470/469, e que morreu, condenado à morte, em 399. Mas nada sabemos da sua juventude, da sua formação e da sua maturidade. Algumas notícias sobre Sócrates combatente, marido, pai, sobre certos modos de comportar-se, sobre as suas amizades, sobre a sua pritania, sobre a própria formulação da acusação que o levou a tribunal, tudo isso são notícias oscilantes de fonte para fonte, por vezes contraditórias entre si, por vezes unívocas e não controláveis, como já foi dito a propósito, por exemplo, da própria acusação de não ter acreditado nos deuses da Cidade (Atenas), mas de ter introduzido outros, e de ter corrompido a juventude, tornando-se o mau génio inspirador de posições extremistas e individuais, como as de um Alcibíades e de um Crícias. Platão defende que a acusação de ter introduzido novos deuses seria devida aos seus estudos sobre os meteoros; Xenofonte, pelo contrário, ao 'demónio' (e meteoros ou 'demónio', teria corrompido a juventude desviando-a das crenças pátrias). Também aqui, como bem se vê, trata-se de interpretações (Platão, ao que parece, liga-se ainda à mesma acusação de *As Nuvens* de Aristófanes; Xenofonte, mais tarde, inclina-se para uma interpretação moral). E assim, relativamente à história do oráculo, que teria proclamado que Sócrates era o mais sábio porque sabia que não sabia e que teria determinado a 'conversão' de Sócrates da investigação no plano físico para uma problemática moral (é verdade que Aristófanes não se refere de modo nenhum em *As Nuvens* à famosa resposta do oráculo, que o teria enlouquecido, ao passo que em *As Aves,* de cerca de dez anos depois de *As Nuvens,* o Sócrates de Aristófanes é apresentado como 'ignorante'), Platão faz disso um relato (o mais célebre) e Aristófanes um relato totalmente diferente. Assim, no que se refere à mulher de Sócrates: Platão e Xenofonte dizem que ele desposou Xantipa, mas Aristóteles afirma que ele foi marido de Mirto, filha de Aristides, o justo, ao passo que Aristóxeno sustenta que ele teve duas mulheres ao mesmo tempo. E a própria Xantipa há quem a apresente como uma mulher terrível (nas posições misóginas de origem cínica), e quem, pelo contrário, a apresente como esposa afectuosa e compreensiva. E há mais; o próprio Aristófanes apresenta vários Sócrates: o de *As Nuvens* (de 423) não é por certo o Sócrates que se nos apresenta em *As Aves* (414) e em *As Rãs* (405), empenhado agora mais que em pesquisas físicas em problemáticas morais-sofísticas. Mais seguras parecem as notícias sobre as campanhas militares de Sócrates (Potideia de 432, Délio de 424, Anfípolis de 422). E isto é muito interessante: certos dados são aquilo que são; certas atitudes, porém, expressões, modos de situar o discurso, sempre de maneira diferente, conforme o interlocutor e o momento, nunca numa formulação doutrinária (escrito) — e isto apresenta-se claro também em *As Nuvens* de Aristófanes —, mais, precisamente, num diálogo — que nas suas origens pode muito bem ter sido o do tipo antilógico ou dialéctico, no sentido de um Protágoras, de um Pródico, ou de um Zenão e de um Górgias —, podem ser interpretados e desenvolvidos, sucessivamente, de maneira diversa. Tudo isto levou, perante o 'agnosticismo' de Gigon, a defender a necessidade de retomar em consideração todas as chamadas fontes, sem privilegiar nenhuma (De Vogel, 1947; Sauvage, 1960; Humbert, 1967). Indubitavelmente, os textos de Platão e os de Xenofonte (embora o 'fruto' Xenofonte seja bem mais modesto, dado o modesto 'terreno' Xenofonte; e, além disso, Xenofonte escreveu, sem ter tido contactos muito frequentes com Sócrates e muitos anos depois da sua morte, quando já estava em curso toda uma literatura socrática) continuam a ser, até pela sua vastidão, de fundamental importância, ao passo que muito escassos e na maioria das vezes dúbios, já que construídos posteriormente, são os testemunhos dos chamados 'socráticos menores', que devem considerar-se em relação com a problemática e a polémica de Platão, no preciso ambiente cultural e político posterior a 399. E então, por outro lado, tendo em conta tudo isto, precisamente no que se refere a Antístenes, Euclides, Ésquines de Esfeto, Aristipo, dada, como dizíamos, a escassez dos seus fragmentos, e dado o facto de muitas vezes as problemáticas e os resultados que delas conhecemos serem também eles interpretações de interpretações, pode pôr-se em dúvida a tese de Gigon que desloca arbitrariamente para muito tarde as obras de Platão, e defender, pelo contrário, à parte Aristófanes naturalmente, que os vários retratos de Sócrates e as várias delineações de qual tenha sido a função de Sócrates, foram constituídos depois da morte de Sócrates, numa discussão entre partes contrárias quanto a qual foi de facto o 'verdadeiro' Sócrates. Uma vez aberto o 'caso Sócrates', cada um dos socráticos terá exposto o *seu* Sócrates, e assim também Platão, em Atenas (depois da morte de Sócrates quase todos os homens do seu círculo se afastaram de Atenas para escapar a prováveis perigos), teria apresentado o *seu* Sócrates, em função da sua própria actividade filosófico-política, em contraste com a política ateniense do tempo, até que, tendo-se já reforçado aquela democracia, em 393, a democracia ateniense em confronto precisamente com o Sócrates de Platão e o Sócrates dos Antístenes e dos Euclides, tão perigoso para a democracia ateniense quanto o oposto Sócrates que Platão vinha esboçando, teria reacendido a questão através do sofista Polícrates, apresentando um Sócrates extremamente perigoso em relação à constituição do Estado de Atenas e, na realidade, da política que certas correntes democráticas vinham perseguindo. Muitos séculos depois, Libânio (IV séc. d.C.), numa sua *Apologia* de Sócrates, retomando e renovando a seu modo a acusação de Polícrates, de maneira verdadeiramente impressionante faz ressaltar o aspecto de um Sócrates tornado símbolo da crise de Atenas e de conflitos políticos após 399. As palavras que Libânio faz dizer contra Sócrates são claras e reflectem uma situação precisa, ou seja, a polémica violenta entre a concepção política que Platão vinha discutindo e avançando e a via seguida pela democracia ateniense depois de 395:

> Sócrates arrasta os jovens contra as leis. O nosso regime está em perigo. Gente que arrisca tudo, partidários da tirania, indivíduos insuportáveis e que desprezam a igualdade, tais são as personagens que este Sofista forma. Bloqueá-lo-emos, sim ou não? Prendê-lo-emos? Expulsá-lo-emos antes que aqueles que são alimentados na sua escola tenham derrubado a força das leis? (Libânio, *Ap.*, 132).

Se é verdade, pois, que não há que privilegiar nenhuma fonte, é igualmente verdade que, para além disso, é preciso procurar colocar cada testemunho no tempo em que se apresentou e, sobretudo, dar-se conta da personalidade e da condição de cada um dos seus autores. Sob este aspecto, numa tentativa de repercorrer os vários momentos do pensamento e do posicionamento de Sócrates, devem considerar-se os testemunhos de Platão, e o modo como através do Sócrates (dos Sócrates) de Platão, se pode reevocar a função desempenhada por Sócrates na cultura ateniente durante a guerra do Peloponeso, num contínuo paralelo com os Sócrates dos Antístenes, dos Euclides, dos Ésquines de Esfeto, que, juntamente com o Sócrates de Platão, reflectem toda uma problemática e um empenhamento, embora diferentes, que brotaram daquele mesmo Sócrates, que actuou naqueles anos, e repercutindo-se na nova situação histórica e cultural que se perfilou após a guerra do Peloponeso. Daqui podemos assim dar-nos conta de como tenha podido aparecer também o Sócrates de Xenofonte e, na esteira de Platão, o Sócrates de Aristóteles. Por outro lado, porém, sem prospectivamente reduzi-los a uma unidade com os testemunhos bastante posteriores, sem confundi-los com eles, devem ser tomados em séria consideração os testemunhos de *As Nuvens* de Aristófanes, escritos e apresentados (423) precisamente quando Sócrates era ainda bastante jovem (já no entanto na sua plena maturidade, já então símbolo da problemática cultural e política de Atenas, da crise da cidade): Platão e Xenofonte eram ainda crianças (Platão tinha cerca de cinco anos e Xenofonte sete); Antístenes tinha 21 e Euclides andava pelos 25. Tudo isto são dados que é preciso ter em conta. É verdade que em *As Nuvens* se apresenta claramente, embora na interpretação de Aristófanes, então bastante mais jovem (no tempo de *As Nuvens* andava pelos 22 anos), e na sua polémica em relação à crise cultural e política de Atenas, a posição de Sócrates dentro dos limites da cultura e da filosofia anteriores a 424, que, tendo penetrado em Atenas vindas de fora, tinham abalado não pouco a já esclerosada estrutura teológico-política da velha Atenas de Ésquilo, da democracia nascida das guerras persas. Através de *As Nuvens* pode-se, na realidade, reevocar a formação, as posições e a problemática de Sócrates, naquele 'período vazio' de que atrás falávamos, e os vários modos como se foi determinando o seu pensamento, que, sem dúvida, ainda que formalmente sempre igual a si próprio, foi assumindo aspectos diversos e mudando no tempo, dentro dos limites daquela que foi a história cultural e política de Atenas de 455 a 399, tendo em particular atenção a história de Atenas antes da guerra do Peloponeso e da grave crise ocorrida durante aquela guerra.

II. O SÓCRATES DE ARISTÓFANES

1. *'As Nuvens' e o ambiente histórico.*

Sob esta perspectiva, *As Nuvens* assumem uma particular importância, dado que se afastam de tudo o que sobre Sócrates veio a seguir — muitos anos depois —, procurando, primeiro, libertar-nos do Sócrates de Platão e dos outros (pode-se, até, de início, fazer como se Platão e os outros não tivessem existido, como efectivamente não existiam então, a fim de que um certo Sócrates se manifeste) e procurando referir *As Nuvens* à sua data — parece que a segunda redacção da comédia não será assim tão diferente da primeira — e àqueles que num certo ambiente, e para um certo ambiente ateniense, foram os objectivos de Aristófanes.

As Nuvens (1) são, com efeito, uma comédia bastante amarga. Nela se esboça e se grava claramente uma triste situação de facto, um tipo de actuação quotidiana, vulgar, e de homens comuns inteiramente virados para os seus próprios interesses, indiferentes perante graves e dramáticos acontecimentos — não se esqueça que estamos em 424-3, num momento crucial da primeira fase da guerra do Peloponeso — que preocupam não pouco um homem jovem, sério e que pensa na condição política e humana da sua cidade, Atenas. Em Atenas, agora, a maioria — não é

(1) Para *As Nuvens* servimo-nos da tradução italiana de B. Marzullo (Aristofane, *Le commedie,* sob a responsabilidade de B. Marzullo, Bari, 1968).

por acaso que Aristófanes ataca também o público: se por um lado Sócrates virando-se para Estrepsíades diz: «não te armes em engraçado, como um vulgar amassa-comédias», v. 295; diz a corifeia das nuvens, as nuvens deusas, virando-se para os espectadores: «maltratadas por vós, é contra vós que temos algo», v. 576 —, a maioria repito é constituída ou por homens como o sovina camponês Estrepísades, o protagonista da comédia, ou por jovens, como o filho de Estrepsíades, Fidípides. Estrepsíades, o camponês, por um erro de juventude, de que agora amargamente se arrepende, casou com uma aristocrática citadina, rica, requintada. O filho Fidípides («quando nos nasceu o nosso filho ..., de novo discutimos por causa do nome; ela queria um em *ippo,* de cavaleiro: Xantipo, Caripo, Calípides; eu queria dar-lhe o nome do avô, Fidónides, aquele que poupa; não conseguíamos chegar a acordo; até que finalmente acabámos por chamar-lhe Fid-ípides»: vv. 60-7), comportava-se como jovem senhor, todo dado à moda dos cavalos («colou a *hiperícia* à minha casa»: v. 72), dado à 'dolce vita' do tempo. Esbanjador, indiferente, desprezador da cultura, com a sua mania dos cavalos, endividou o pai (verdadeiramente eficazes, patéticas, são as primeiras cenas de *As Nuvens* para a construção do carácter das duas personagens, Estrepsíades e Fidípides). Estrepsíades, rude e espertalhão, decide resolver o problema das suas dívidas e das do filho, dirigindo-se àqueles estranhos sujeitos (tal como os vê Estrepsíades, na sua qualidade de homem inculto e todo voltado para os seus interesses imediatos), que são os homens de cultura do tempo, gente divorciada da vida de todos os dias, pelo que parecem constituir um grupo à parte, isolados dos outros, fechados numa espécie de casa particular, segundo o ponto de vista de Estrepsíades e do seu filho, onde com viva representação, não apenas cénica, mas numa visão projectada daquela massa, que Platão dirá «nunca será filósofa», são vistos como todos juntos numa única seita, tomados pelas suas elucubrações, no seu pensadoiro, o *phrontistérion.* E no entanto, foram certos homens, vindos de fora, Zenão de Eleia, Anaxágoras de Clazómenas, Protágoras de Abdera, Górgias de Leontini, Pródico de Ceos, que com as suas novas ideias fizeram saltar por um lado as velhas concepções teológicas da Atenas de antes de Péricles, propondo pesquisas sobre a natureza orientadas em sentido experimental-hipotético, independentemente da procura de razões supremas, no âmbito do estudo das condições que permitem explicar grupos de fenómenos, e por outro lado, uma vez estabelecida a estrutura em si da realidade, ou as descendências e hierarquias divinas, em cuja base tudo se decompõe, levam a uma subvertida concepção da relação humana, numa ordem que se vai construindo progressivamente mediante a palavra e o discurso, pelo que se põe em dúvida a própria existência em si da justiça, segundo o antigo modo teológico de a entender. As novas ideias, as novas concepções, que determinam, precisamente, a outro nível, no nível retórico-linguístico, dentro dos limites humanos, na construção progressiva da cidade humana, uma eticidade oposta, um costume e uma relação que não são dados, mas que se constituem de cada vez, através do mesmo discurso, a antilogia, o processo dialéctico, tais ideias, se mal entendidas, tais jogos lógico-linguísticos, precisamente na medida em que põem em crise o antigo costume, aquela 'justiça' por si, aquela 'medida' com base na qual desde Sólon e Ésquilo se tinha vindo a fundamentar Atenas, parecem, aprendidas as técnicas, poder ser utilíssimas aos interesses de cada um, para enganar as pessoas, a lei, mediante a palavra hábil, a definição equívoca, a contradição, particularmente no âmbito dos tribunais e do foro. E aqui é oportuno sublinhar de imediato que na distinção e no conflito entre os dois tipos de *discurso,* Aristófanes não fala de *discurso verdadeiro* e de *discurso falso,* mas de *discurso justo, melhor, mais forte,* e de *discurso injusto, menor, mais fraco.* Quer dizer, justo e injusto não significam verdadeiro e falso, como muitas vezes se interpretou, mas os dois termos referem-se a duas concepções diversas da justiça, uma que considera existir a justiça em si, forte da sua autoridade divina, a outra que, baseando-se em certas conclusões lógicas (Zenão de Eleia, Górgias), na possibilidade ou não de *dizer* o Ser, ou na delimitação do que seja natureza em si, pelo que, relativamente à natureza, no plano científico, só se podem avançar hipóteses (Anaxágoras por um lado, certos médicos por outro), nega a possibilidade de uma justiça em si, defendendo que a própria justiça é fruto, de cada vez, de situação em situação, de terra para terra, da própria actividade do homem, brota do homem que estabelece precisamente a medida, através da própria negação e do próprio discurso. Sem dúvida, para quem sustenta que isso é extremamente perigoso para a ordem constituída da Cidade, para uma ordem que se baseia numa pressuposta justiça, devida aos deuses, em Zeus, que o outro discurso nega, enquanto projecção mítica, fazendo entrar Zeus numa natureza fluida e móvel (as *nuvens,* na imagem de Aristófanes: «*Sócrates:* Que Zeus? Deixa-te de parvoíces, *Zeus não existe!*», v. 367; «primeira coisa, entre nós os deuses não têm curso [...]»; «queres conhecer claramente a essência das coisas divinas [...] e entabular discurso com as Nuvens, nossas divindades?», vv. 250-2), de quem se pode falar avançando hipóteses às quais se chega por via experimental, explicando naturalmente cada fenómeno e determinando também na natureza uma ordem devida à inteligência humana (o próprio Sócrates, instalado ao ar livre, em cima de uma máquina cénica, está em tal posição para observar melhor: «No ar vagueio e o sol observo [...] Jamais poderia descobrir exactamente as coisas celestes, se não com a mente suspensa, misturando o subtil pensamento ao ar seu semelhante; se estava em terra, perscrutando as supremas coisas, nada descobria; é que a terra atrai forçosamente para si própria o humor do pensamento [...]», vv. 225-33); percebe-se, assim, que o discurso sobre o antigo costume seja dito 'justo' e por isso mesmo o mais forte, e 'injusto', mais fraco, o discurso que esboça a possibilidade de uma justiça devida à própria actividade dos homens, e que um se apresente solene, dogmático e didáctico, e o outro confutatório, fugidio, móvel, e por isso, se considerado unilateralmente, palrador e palavroso. Não é por acaso que Aristófanes faz dizer ao próprio Sócrates:

> As Nuvens do céu, deusas grandiosas para todos os *mandriões* [onde é já clara da parte de Sócrates a atitude polémica relativamente a certa Sofística]; elas fornecem-nos pensamentos, discursos, conceitos, a arte de enrolar com longa palração [macrologia], surpreender e seduzir (vv. 316 e ss.).

Mas um pouco mais abaixo Sócrates, embora expondo a brincar por meio de Estrepsíades a função da nova concepção da natureza, sublinha que ela deu lugar a certas ciências particulares, que, naturalmente, vistas do ponto de vista popular parecem bruxarias e aldrabices, tais como a adivinhação (Lampone, fundador de Turi), a meteoropatia (Hipócrates), a astronomia:

> E não sabias, por Deus, que as Nuvens dão de comer a uma multidão de sabichões: adivinhos de Turi, curandeiros, mandriões com guedelhas, longas unhas e anéis, cantadores de roda, astrólogos e aldrabões (vv. 330 e ss.).

Estrepsíades, portanto, não consegue de início convencer o filho a ir para a escola de Sócrates (Fidípides, fidalgo *blasé,* sente repugnância pela desqualificada e pálida família filosófica, que vive no seu pensadoiro). E então vai lá Estrepsíades, ficando cheio de espanto perante as descobertas científicas e dialécticas dos pensadores, que, vistos, precisamente, através dos olhos do camponês, parecem uns tipos bem cómicos, uns trapalhões, de tal modo que de lá sai — mas é só aparência — uma grande confusão, uma misturada, sem nexo, de teses e de pesquisas físicas com técnicas retórico-sofistas. Fidípides, convencido pelo pelo pai, que não consegue pôr-se *à la page,* a ir até Sócrates, no fim, ouvido o debate sobre o 'discurso justo' e o 'discurso injusto', aprende a lição, mas não tendo nenhuma preparação, capta apenas o aspecto confutatório e paradoxal, o deslizar linguístico, o momento crítico, aquilo por que certos jovens senhores de Atenas iam à escola dos sofistas; tanto assim que, como conclusão, demonstra a Estrepsíades que é 'justo' que um filho bata no pai e na mãe (o motivo do filho que, desviando-se do antigo costume e dominado pela dialéctica e pelo sofisma, bate no pai e na mãe, isto é, na pátria, é um *tópos* comum), de modo que Estrepsíades por ter querido dar ouvidos às novas ideias, arcará com o prejuízo e o escárnio, reconhecendo o perigo em que se meteu, o perigo em que aquelas teses põem a estrutura de uma sociedade constituída. São, de facto, precisamente as Nuvens, as novas divindades, a concepção nova da natureza, em que se baseia o próprio novo modo de entender o constituir-se e o fazer-se da relação humana da Cidade, que dizem a Estrepsíades, que as acusa de o terem desviado do caminho, levando-o para fora do antigo costume: «Só tu és a causa de tudo: armaste-te em delinquente» (vv. 1454-5). E a Estrepsíades que se lamenta: «Porque é que não me advertíeis então, em vez de iludir-me, a mim um campónio ainda por cima velho?» (vv. 1456-7), respondem: «Fazemos sempre assim, quando vemos alguém que se atormenta pelas patifarias cometidas; metemo-lo numa alhada: assim aprende a temer os deuses» (vv. 1458-61). Este texto, à primeira vista desconcertante pela sua contraditoriedade, é bastante importante. «As Nuvens — disse-se —, personificadas pelo coro, são de início o símbolo da burlesca ilusão que fulminou o protagonista; no fim transformam-se em justiceiras impiedosas da sua loucura, proclamam-se mesmo ministras da antiga, honesta, moralidade» (2). Exacto! Acrescente-se, no entanto, que na realidade Aristófanes, em toda

(2) B. Marzullo, in Aristofane, *Le commedie* cit., p. 128.

a comédia, dirigida ao povo, aos cidadãos de Atenas, ataca — e muito seriamente — não tanto os estudos, sejam eles quais forem, sobre a natureza e sobre os modos de entender as relações humanas, não tanto Anaxágoras e os físicos, ou os Górgias, os Pródicos, os Protágoras, quanto a degenerada aceitação supina, não crítica nem inteligente, daquelas posições, os resultados degenerados e unilaterais, que entraram na moda, devidos àquelas mesmas posições: por um lado a 'hiperícia' de Fidípides e a grosseria interesseira de Estrepsíades, ou a moda de subverter os valores antigos em atitudes de vazia contestação, são para Aristófanes a mesma coisa, tal como, por outro lado, igualmente vazio e idiota é o comportamento de certos pseudo-cientistas, que de científico apenas têm a guedelha. E então compreende-se bem como neste sentido seja exactamente a nova ciência, sejam as novas ideias, que, respeitáveis como investigações autónomas, tomadas por Estrepsíades de uma maneira maldosa e trapaceira, lhe infligiram a ele, e nele à maioria dos atenienses, um rude golpe, fazendo corromper o antigo costume, sobretudo junto dos jovens. Aristófanes, na sua polémica política, amargamente constata e objectiva isso mesmo. O riso, a chalaça, a chocarrice, a palavra obscena são de Estrepsíades, de um tipo de pessoas que, se por um lado representam um costume, por outro são o índice do modo como todo um mundo cultural *in fieri* e em movimento pôs em questão a velha concepção em que se fundava Atenas, dando lugar à crise e, segundo Aristófanes, à actual corrupção de um costume e de uma conduta. Donde o conflito e a dialéctica viva de *As Nuvens:* uma espécie de atracção pelas novas ideias que circulam em Atenas, vindas de fora, mas das quais Sócrates ateniense se deu bem conta, fazendo delas o fulcro do seu modo de pensar e também de polemizar, de maneira crítica e sem preconceitos, pelo que, precisamente para Aristófanes, Sócrates torna-se o símbolo da dessacralização e desmistificação do antigo e cristalizado mundo de Atenas, dentro destes limites, portanto, bastante mais perigoso para a antiga Atenas que cada um dos sofistas ou dos cientistas; e, por causa daquelas mesmas ideias, mal compreendidas, aceites como instrumentos em função de outra coisa, o ataque contra a ciência e a lógica retórico-dialéctica, numa patética nostalgia pelos bons velhos tempos antigos, numa melancolia de sério conservador em relação aos antigos e sãos costumes: sãos, enquanto antigos, na recordação de um tempo perdido. Daqui o amargurado apelo do 'discurso justo' à antiga educação, «quando eu, defendendo a justiça, florescia e a sabedoria era norma» (v. 952), e a recordação dos pátrios combates («mas é precisamente esta a minha educação; tiveram-na os combatentes de Maratona», v. 986). E o 'discurso injusto': «Afirmo que a justiça não existe» (v. 902) e que aquela educação justa de que fala o 'discurso justo' é «coisa velha, de antes do dilúvio: já cheira a bafio!» (v. 984). Claro, aquela justiça e aquela lei, tais como eram consideradas pela concepção teológica de Sólon a Ésquilo, repetimos; juntamente com Simónides, Ésquilo é reproposto pelo próprio Aristófanes, em contraposição ao novo mundo, à nova cultura, que desembocava em Eurípedes (cf. *As Nuvens,* vv. 1361-76).

2. *'As Nuvens' e a posição de Sócrates na cultura do seu tempo.*

Ainda que através de simplificações e pinceladas breves, ainda que por meio das considerações rudes e superficiais de Estrepsíades por um lado e da amarga polémica de Aristófanes por outro, mesmo assim *As Nuvens* apresentam um quadro historicamente eficaz da 'cultura' e da problemática de Atenas desde o fim das guerras persas até ao princípio da guerra do Peloponeso. Dentro deste âmbito assume um particular significado (para a reconstituição da crise e da problemática que se reflecte também nas concepções políticas de Atenas) a aproximação — para muitos absurda, mas absurda segundo as velhas distinções escolásticas — entre a física de origem jónica, com particular atenção aos desenvolvimentos dados à pesquisa de Anaxágoras, e a retórica de Górgias, as antilogias de Protágoras, a linguística de Proclo, por outras palavras o mundo dos homens, constituído em cada caso pelos próprios homens. Sob este aspecto embora em formas desgarradas, não reflectidas e coordenadas, há em *As Nuvens* indicações precisas e clarificadoras. À parte o *Leitmotif:* o velho Zeus morreu, e para o seu lugar entrou a natureza; parecem de não pouca importâncias as exemplificações — embora vistas como ridicularias de Estrepsíades — relativas ao tipo de pesquisa física: investigações precisas de fenómenos explicados não recorrendo a razões estranhas, mas através da própria experiência. Ridículos quanto se queira esses tais que Estrepsíades encontra no *pensadoiro,* ocupados a estudar como salta uma pulga ou como funciona o vento traseiro dos mosquitos (vv. 143 e ss.), mas, exactamente, estudos precisos de particulares fenómenos, cuja razão se procura encontrar naturalmente, assim como é importantíssima a referência à cartografia, a todos aqueles interessados em investigar o que está sob a terra e a todos os outros empenhados em pesquisas astronómicas (vv. 186 e ss.). E assim é de sublinhar o espanto de Estrepsíades perante os instrumentos científicos que ele encontra no pensadoiro: instrumentos para o estudo do céu, da geometria, e assim por diante (vv. 200 e ses.). Todos estes dados são bastante significativos pois apontam para os métodos de pesquisa física, que penetraram sem dúvida em Atenas com Anaxágoras. «Pela debilidade dos sentidos — parece ter escrito Anaxágoras — não somos capazes de discernir o verdadeiro» (fr. 21 DK), «mas podemos valer-nos da experiência e da memória e da sabedoria e da nossa habilidade» (fr. 21 b). Técnicas, experiência, memória, tudo inteligentemente coordenado, acabando por avançar hipóteses que expliquem racionalmente os fenómenos, eis no que precisamente consiste o saber. E isso mesmo, hipóteses, são, como é sabido, as *sementes* originárias de Anaxágoras, o qual, por outro lado, dentro dos limites de uma investigação científica, vai dessacralizando a natureza, numa explicação natural dela mesma. E o sol e a luz deixarão de ser divindades, mas sim constituídos de pedras e rochas e terra e fogo; e já não será um sinal divino de que Péricles teria definitivamente o governo nas suas mãos, um carneiro que, conta-se, foi encontrado com um único chifre no meio da fronte, mas isso seria, como explicou Anaxágoras abrindo o crânio do animal, uma pura malformação natural. Com efeito, para Anaxágoras não interessam nem as causas primeiras (a não ser como *hipóteses*) nem os fins últimos, e parece ter razão Simplício (*In phys.*, 38) quando, respondendo às acusações dirigidas contra o mecanicismo de Anaxágoras, dizia que a sua maneira de pôr o problema, não era a de um *aitiólogo*, mas a de um *fisiólogo*. E aqui permitimo-nos lembrar que Anaxágoras não era ateniense, mas jónico, ligado à linha dos grandes físicos jónicos e, particularmente, a Anaxímenes. Não é arriscado avançar a hipótese de que as Nuvens e o Caos e o Ar, que, segundo Aristófanes, vieram substituir o antigo Zeus, sejam uma alusão precisa a Anaxágoras: o *migma* originário de Anaxágoras pode muito bem ser interpretado como o caos que se determina na fluida e aérea natureza, que pode acabar por assumir todas as formas tal como as nuvens. A tal propósito é interessante recordar que num fragmento de um discípulo de Anaxágoras, Diógenes de

Apolónia, que, juntamente com Arquelau, esteve relacionado com Sócrates, lê-se:

> Parece-me a mim que aquilo que era o pensamento seja aquilo a que os homens chamam *ar*, e que todos sejam guiados por ele e que ele a todos domine. E ele próprio, parece-me, é um deus e chega a toda a parte e tudo ordena e está em todas as coisas. E não há uma única coisa que dele não participe; mas existem de facto muitas manifestações tanto do próprio ar como do pensamento. É na verdade mutável, ora mais quente ora mais frio, ora mais seco ora mais húmido, ora parado ora em rápida mudança [...] (cf. 64 B 5, DK, trad. de M. Vegetti in *Opere di Ippocrate,* Turim, 1965).

Quando Anaxágoras chegou a Atenas (em 462) era já homem maduro. Permaneceu em Atenas durante mais de trinta anos, introduzindo em Atenas toda uma problemática que teve, por certo, um peso determinante. Anaxágoras prosseguiu, sem dúvida, o seu caminho; continuou a ocupar-se dos seus estudos e das suas pesquisas, provavelmente de forma isolada ou com a ajuda de poucos discípulos, entre os quais Arquelau e Diógenes de Apolónia. O que não significa que as teses de Anaxágoras, o seu modo de situar os problemas e a investigação, o seu apelo à hipótese *verosímil* (3), através da experiência e da interligação das experiências, não levassem a pensar de outro modo, pondo de lado princípios e intervenções divinas, proponao mesmo no plano da relação humana toda uma outra estruturação, que não aquela sobre que estava fundada a velha Atenas. Compreende-se então em que sentido Aristófanes possa fazer dizer a Sócrates que o velho Zeus morreu, não existe, e que, portanto, também a justiça, *aquela justiça* não existe. E por outro lado, compreende-se que os atenienses conservadores, os que viam com maus

(3) Não é por acaso que muito mais tarde Platão, referindo-se a Anaxágoras, dirá nas *Leis:* «Passamos a acusar os nossos modernos sábios, que são na verdade causa e fonte de males; os seus discursos levam às seguintes conclusões: quando tu e eu aduzimos provas sobre a existência dos deuses e apresentamos estes mesmos corpos — o sol, a lua, os astros, as estrelas — como deuses e entidades divinas, aqueles que se deixaram convencer por esses tais sábios respondem que tais corpos não são mais que terra e pedras, absolutamente incapazes de se ocuparem das coisas humanas, e reforçam estes seus princípios com argumentações que num certo sentido são *convincentes*» (886 d-e).

olhos a política sem preconceitos e democrática de Péricles, que, como sabemos, teve relações de amizade com Anaxágoras, se tenham dado conta de que a concepção de Anaxágoras, o seu modo de pensar, a sua ciência, eram perigosos, conduziam a velha e gloriosa Atenas para um sítio bem diferente de Salamina. Péricles defendeu Anaxágoras com todas as suas forças, mas não pôde impedir que o grupo dos conservadores conseguisse intentar um processo por «impiedade» (432) contra Anaxágoras, por ele ter negado os deuses e por ter introduzido teorias ímpias sobre a natureza dos fenómenos celestes. Péricles conseguiu que Anaxágoras não fosse condenado à morte pelo que, tendo fugido de Atenas, retirou-se para Lâmpsaco, na Ásia, onde morreu por volta de 428. A condenação de Anaxágoras é o índice claro da importância que teve o seu pensamento e como a postura da sua pesquisa implicava um modo diferente de conceber e de pensar, independentemente de todo o recurso a ordens teológicas.

Experiência, portanto, relações e concatenação de experiências, hipóteses, daí vem o *saber* (há a tal propósito um texto médico desta época não pouco significativo: «em medicina deve dar-se atenção não ao teorizar especioso — λογισμός —, mas à experiência e ao raciocínio — λόγος — tomados em conjunto. Concordo com o facto de que o teorizar deve ser aceite, dado que se baseia nos factos, e que sistematicamente se devem extrair deduções daquilo que se observou [...] Mas as conclusões brotadas de raciocínios feitos sem qualquer apoio, raramente podem ser úteis. Só as extraídas da observação dos factos são idóneas»: *Preceitos,* I, 1). E por isso mesmo investigações concretas, sobre fenómenos precisos e concretos: os estudos de astronomia implicam certas técnicas, premissas e campos bem delimitados, tal como os estudos de medicina, de física, de geometria e assim por diante, pelo que a cada qual cabe o seu campo particular, uma particular competência, uma particular bagagem de conhecimentos; um saber fazer bem o seu ofício (não é por acaso que o próprio Anaxágoras será apelidado de *sofista,* dando, precisamente, a 'sofista' o seu significado originário: «homem que σοφίζεται, isto é, que exerce a actividade de um σοφός, que possui particulares conhecimentos e capacidades em geral ou num domínio particular» ([4])). Tendo entrado em crise, através dos

(4) W. Schmid, *Geschichte der griechische Literatur,* Munique, 1929--1948, III, p. 14.

resultados das ciências particulares (física, medicina, astronomia, teoria das reduções das hipóteses em geometria e aritmética), as velhas crenças e as estruturações teológico-teleológicas do todo, percebe-se também como entrassem em crise as concepções relativas às condições que permitem as relações humanas, o costume humano. Dentro deste âmbito, por um lado, assumem particular significado as discussões de lógica e a dialéctica de Zenão de Eleia, que, ao que parece, esteve em Atenas por volta de 454, e com quem parece que Sócrates, então muito jovem, tenha entrado em contacto, e, por outro lado, posto de parte como impossível de resolver, no plano do discurso humano, o problema do Ser ou da divindade, ganha luz a problemática, toda ela situada ao nível do horizonte dos homens, de um Protágoras, de um Górgias, de um Pródico, de um Hípias de Élis.

Aqui, o que mais interessa de Zenão é sublinhar que, mediante as suas 'aporias', ele levava à demonstração de que no plano lógico são impensáveis — e por isso indizíveis — quer o Ser na sua totalidade, quer os muitos. De ricochete, Górgias, levando precisamente às últimas consequências as 'aporias' zenonianas, pode habilmente chegar a defender que Nada é, que mesmo se algo é, não é cognoscível pelo homem e, enfim, se fosse cognoscível, tal conhecimento seria indizível e incomunicável, já que o objecto do conhecer traduzir-se-ia em palavras e a palavra não é objecto, não é ser *(do não ente ou da natureza)*. Dado que o homem — uma vez desligado de ordens pré-estabelecidas — é conscientemente independente de estruturações por si, não existe sequer como *on,* mas é um *fieri,* constituído de sensações, impressões, afectos, que se traduzem em *palavras,* é precisamente mediante um hábil jogo de palavras, e por isso mesmo de afectos, de recordações, que, com as palavras se movem os homens, se constituem em cada caso, conforme o país, os grupos, as relações entre os homens, de modo a determinar, de acordo com as exigências, com os objectivos que se pretende alcançar, uma certa medida, uma *justiça,* que, evidentemente não é em si, mas se vem fazendo de cada vez através do próprio homem. Daqui a importância dada por Górgias à *palavra,* e ao valor *poiético* da palavra, e, por isso mesmo, à *retórica.*

Por outro lado, Protágoras de Abdera, posta de lado a questão dos deuses («em relação aos deuses, não tenho a possibilidade de assegurar nem quem são nem quem não são, opondo-se a isso muitas coisas»: fr. 4 DK) podia defender que aquilo que é e aquilo que não é, é tal, é verdadeiro ou não no juízo, pelo que o homem é a medida do *verdadeiro*. E assim, no plano do *discurso,* exactamente porque o real é incaptável, a tese *a* pode ser verdadeira tal como a tese *b*, embora as duas teses sejam contraditórias entre si. Daqui as *antilogias* de Protágoras que, levadas às últimas consequências, desembocarão nas confutações *(elencos)* e na erística. Em Protágoras a questão é diferente. Coerentemente com o pôr de lado do divino, do ser, da ordem em si da natureza, as antilogias demonstram como num plano lógico — o único possível ao homem — há verdades opostas, dois discursos possíveis, ambos verdadeiros (os futuros δισσοὶ λόγοι), e que, portanto, o verdadeiro não é aquilo que é, mas aquilo que, mediante o próprio discorrer e a refutação e a contraposição se faz tal, é aquilo que 'convence' e 'persuade'. Os dois *lógoi* são a própria base para que seja possível o raciocinar (διαλέγεσθαι, donde *dialéctica*), para que através do raciocinar, que é 'falar', se constitua, de cada vez, o que convém, esta ou aquela ordem possível de homens, nesta ou naquela situação. Se bem que de modos diferentes (um retórico, outro antilógico), tanto Górgias como Protágoras movem-se no plano humano, dentro do âmbito das opiniões, num hábil saber jogar com os afectos de modo a orientar esta ou aquela assembleia, este ou aquele tribunal, para aquilo que, nesta ou naquela situação desta ou daquela cidade, se apresenta como o melhor.

Para Pródico de Ceos, mais ou menos da mesma idade de Sócrates, cujas lições parece ter ouvido, não há nem a natureza nem o homem como entidades, mas natureza e homem constituem como que um único processo, não regulado por nenhuma lei, cujo primeiro momento é a natureza que tem uma história (não finalística, mas causal: cf. Platão, *As Leis,* 889 e segs.), e cujo segundo momento, que brota daquela mesma história, é o homem que com o seu trabalho e a sua actuação constrói o seu mundo, ordena e transforma a natureza com a invenção das técnicas, forma a própria vida, constituindo-se depois em Cidade, fazendo leis, que são por isso conquista e fruto do próprio esforço humano, composições ou ficções (obra de *arte*) do homem. Precisamente esta historicização leva, por outro lado, Pródico ao estudo das 'palavras'; para estabelecer por um lado a sua origem *(etimologia)* e, portanto, o peso que elas tiveram no seu brotar natural, para entender depois o seu significado exacto, na sua elaboração e modificação históricas. Donde, para compreender o mundo dos homens e a partir de tal compreensão nos conhecermos a nós próprios hoje, a importância de entender o significado simbólico assumido por cada palavra no decurso da história e o estudo dos diferentes significados de cada termo *(sinonímia)*. Não é aqui o lugar apropriado para discutir as diversas posições de Górgias, de Protágoras, de Pródico, para ver as suas várias implicações e a problemática sobre a questão do viver político e sobre a justiça. Parece, no entanto, interessante ter sublinhado de que modo, em todo o caso, os grandes sofistas conscientes da crise de uma cultura e de uma civilização, puseram a questão das relações humanas, proclamando-se hábeis técnicos ('sofistas', exactamente: «reconheço ser *sofista* — fará dizer Platão a Protágoras — e educar os homens [...] a ponto de serem perfeitamente capazes de tratar e discutir as coisas da cidade», *Protágoras,* 361 c, 319 a) das artes mediante as quais se constituem os costumes, independentemente dos conteúdos, no plano do discurso humano, sem transcender em vão o horizonte dos homens, e, por isso mesmo, das experiências e da linguagem que nos permite, conforme as palavras usadas e como são usadas, determinar um ou outro modo de viver, numa ou noutra cidade.

Parece agora claro em que sentido, embora operando em planos diferentes, os 'sofistas' cientistas e os 'sofistas' sem mais (no sentido próprio da palavra), investigam, cada um a seu modo, mediante as suas técnicas próprias, segundo os seus próprios campos de pesquisa, a natureza: a natureza como tal, por um lado, a natureza humana, por outro, em ambos os casos, sejam quais forem as conclusões, pondo em discussão, pelo menos em Atenas, toda uma cultura e um conjunto de crenças sobre que se fundava o próprio costume e a política da Cidade. Sob este aspecto Aristófanes é pois muito preciso quando afirma que a nova física, as novas metodologias científicas, e a arte do discorrer, da refutação, da contradição, da língua (mediante a qual se constitui, através do próprio discurso uma justiça artificial, uma lei artificial, sempre fruto do homem) constituem o parto de uma mesma cultura, de uma mesma crise. E tem perfeitamente razão quando faz exclamar à Corifeia das Nuvens: «Não acreditarás, pois, em outro deus para além dos nossos: o vazio *Caos* que tu vês, as *Nuvens* e a *Língua*» (vv. 423-4); e ainda, Fidípides convertido pelo «discurso injusto»: «E não foi um homem como eu e tu, que fez esta lei no seu tempo?» (v. 1421).

É verdade que, quer pela função político-polémica e popular da Comédia, quer pelo intuito do próprio Aristófanes, aquele novo mundo (novo para Atenas), aquela nova circulação de ideias, são vistos através dos olhos de Estrepsíades (que representa um tipo de ateniense) e de Filípides (outro tipo de ateniense). Aristófanes procura mesmo de forma específica fazer compreender o modo como as novas técnicas e os estudos científicos são acolhidos pelo homem comum de Atenas e que uso os demais — em particular os jovens —, postos de lado os obstáculos das velhas crenças e superstições religiosas, fazem da dialéctica e da refutação dos sofistas no plano das relações judiciárias e do foro. Aristófanes, no fundo, nada tem contra os estudos científicos em si, nem contra as técnicas sofistas na sua neutralidade — não é por acaso que, ao cabo, serão exactamente as Nuvens a julgar o bom e rude Estrepsíades —, mas sim contra os efeitos que tais estudos, mal compreendidos e mal usados, têm tido sobre o povo ateniense, que é, na realidade, o verdadeiro alvo da batalha de Aristófanes.

3. *O Sócrates de 'As Nuvens' e a posição de Sócrates na Atenas anterior à guerra do Peloponeso.*

Dentro desta perspectiva parece agora assumir particular significado a representação que Aristófanes dá de Sócrates.

Se bem que numa projecção unilateral (a projecção de um conservador e aquela em que Sócrates é visto por um ou por outro tipo de cidadãos, os Estrepsíades e os Filípides), o ter posto no centro da comédia, em Atenas, para atenienses, Sócrates ateniense, significa: primeiro que tudo que, seja como for, Sócrates nos vv. 424-3 era já um personagem, considerado sem dúvida um pouco louco e extravagante pela gente bem, por quem se deixa viver segundo um determinado costume, acriticamente; significa, em segundo lugar, que Sócrates, precisamente na medida em que se deu conta da importância e da incidência da metodologia das ciências naturais (Anaxágoras, por um lado, os médicos, pelo outro) e das instâncias e discussões dos sofistas (e aqui pensamos particularmente nas antilogias de Protágoras e na linguística de Pródico), é o único ateniense consciente de uma cultura nova, que tenta fazer compreender aos seus concidadãos que cada qual, através dos outros, tem de ser consciente de si próprio e dos seus limites, coordenando dialecticamente as várias razões, não se conformando seja com que costume for aceite sem mais; significa, em terceiro lugar, que Sócrates, que vive na Cidade e para a Cidade, é muito menos asséptico que cada um dos cientistas, com as suas singulares experiências e estudos, isolados no seu trabalho, que os próprios sofistas, mestres itinerantes. Os sofistas, no fundo, quer um Górgias com a sua retórica, quer um Protágoras com as suas antilogias, quer um Pródico com os seus estudos linguísticos, conscientes de que as relações humanas decorrem dentro dos limites do horizonte humano, apresentam-se como aqueles que com a palavra conseguem convencer os cidadãos daquilo que é verdadeiramente útil para a Cidade, e que conseguem estabelecer um conjunto de relações sociais que sejam úteis, boas, em cada caso, para cada uma das cidades. O sofista é um técnico da palavra que, sabendo que com ela se pode chegar a regular as paixões dos homens e as suas opiniões, disciplina as paixões de maneira que os homens convivam de modo feliz. E é isto que o sofista ensina, esta técnica de persuadir que, naturalmente, muda nos modos e diversifica-se de cada vez, conforme as ocasiões e as situações. Os sofistas podiam muito bem, por isso mesmo, conforme o país ou a Cidade por que passavam, convencer também — precisamente mediante as suas técnicas, jogando com certos afectos — quanto ao que esta ou aquela Cidade teriam desejado. Sócrates não, Sócrates é o homem que vai até ao fundo e usando exactamente certas técnicas da refutação sofística e colocando-se no plano humano, faz soçobrar também o que podia ser o conformismo sofista; para restituir cada qual a si próprio, sempre dentro do âmbito de determinadas situações históricas, de determinados homens, numa determinada Cidade, Atenas.

O Sócrates de *As Nuvens* é, pois, um símbolo, mas um símbolo que brota de claras indicações daquela que foi a primeira formação de Sócrates e daquilo que através de tal formação Sócrates era, pelo menos até à primeira fase da guerra do Peloponeso. O Sócrates de Aristófanes não é, portanto, o Sócrates 'nado velho' de que fala Tovar, nem é uma mera caricatura, ou uma abstrusa falsificação, mas é um Sócrates que surge a partir de um bem preciso ambiente cultural em movimento. Primeiro que tudo — e de uma maneira geral — aparece um Sócrates que propõe aos seus concidadãos a problemática viva e complexa surgida em Atenas da presença e da circulação de ideias que vinham de fora, e que, com Péricles, encontram em Atenas o seu centro em debates múltiplos e perturbadores: sabemos já da estadia em Atenas de Anaxágoras; sabemos que a problemática de Zenão de Eleia começou a circular em Atenas a partir de cerca de 454; sabemos das múltiplas estadias a partir de 444, em Atenas, de Protágoras (recorde-se que foi Protágoras que preparou, por incumbência de Péricles, a legislação para Turi), de Górgias (no plano da discussão sobre a dizibilidade ou indizibilidade do Ser, bastante próximo de Zenão; seguramente em Atenas, em 427), de Pródico (cujas lições se diz Sócrates ter ouvido).

Na realidade, precisamente a partir do texto de Aristófanes, aparece-nos um Sócrates que, durante a actividade de Péricles e até à sua morte, foi muitíssimo aberto aos problemas de todo o mundo então internacional que confluía para Atenas, e quis dar-se conta dele a si próprio e aos seus concidadãos numa tentativa de desprovincializar e de desmistificar — diríamos hoje — a velha e fechada Atenas. «O facto importante e que devemos ter presente — escreveu Taylor (*Sócrates,* 1933) — é que a afirmação política e comercial de Atenas no tempo de Címon e de Péricles tinha feito dela [...] uma grande capital e um lugar de encontro para os pensadores do mundo helénico; tinha-se tornado uma espécie de câmara de compensação para ideias de todo o género». E deste modo não se esqueça o que Tucídides faz dizer ao próprio Péricles:

> Em Atenas nós reflectimos rectamente e julgamos abertamente sobre os negócios privados e públicos, convencidos de que os discursos não prejudicam a actuação, antes a prejudica o passar aos factos, antes de ter esclarecido as ideias nos discursos: dado que nós temos este valor singular de sermos ao mesmo tempo ousados e reflexivos em tudo quanto empreendemos; diferentes por isso dos outros nos quais a ignorância gera a audácia e a ponderação, a lentidão; para resumir o muito em pouco, digo pois: Atenas é a escola da Grécia [...] (II, 40).

Sob este aspecto não parece de modo nenhum estranha a aproximação que Aristófanes faz de um Sócrates, interessado e virado para a física de tipo anaxagórico, ou, pelo menos dos discípulos de Anaxágoas (Arquelau e Diógenes) e de um Sócrates estudioso ao mesmo tempo das técnicas sofísticas, da refutação, do discurso humano (exclamara Sófocles na *Antígona,* representada em Atenas provavelmente em 441: «São muitas as coisas maravilhosas, mas nenhuma é mais maravilhosa que o homem»; o homem inventor das artes, venceu o mar e venceu a terra, e construiu casas e cidades, «e ensinou a si próprio o uso do ágil pensamento expresso em aéreas palavras e o impulso para organizar-se em Cidade» vv. 332-55; e assim, embora na interpretação de Platão, diz miticamente Protágoras: «O homem, usando a arte, articulou bem depressa a voz em palavras e inventou casas, vestuário, calçado, camas e a alimentação que vem da terra [...]; depois descobriu a ciência política, no momento em que Zeus deu ao homem pudor e justiça, sem o que não existiriam nem ordenamento civil, nem vínculos constitutivos da unidade de amizade»; sem o que não existiria o homem: *Prot.*

322 a-d; e Górgias: «grande dominadora é a palavra, que com pequeníssimo e invisibilíssimo corpo consegue levar a cabo coisas diviníssimas»: *Elogio de Helena,* DK, 82 B 11, 8).

Mais ainda, nada obsta a que se avance a hipótese de que tenha sido exactamente a relação com os físicos e com os cientistas em geral, que se moviam no sentido atrás referido, a dar a Sócrates jovem a consciência crítica de um método e, ao mesmo tempo, a consciência dos limites da razão humana relativamente ao que seja o possível saber que ultrapassa os dados da experiência e da própria razão, quer se trate da divindade ou daquilo que é enquanto é. E assim, exactamente tal consciência crítica teria levado Sócrates, consciente de que cada um deve ocupar-se daquilo que sabe e que lhe compete, ele não cientista, que não tinha uma preparação específica (nascido em 470, pertencente a uma classe média, foi educado como todos os jovens do tempo: ginástica, música, poesia; como é sabido, conheceu as teses de Anaxágoras, já adulto, talvez através de Arquelau: cf. Platão, *Fédon,* 97 c), para aplicar ao mundo dos seus interesses mais imediatos, o mundo dos homens, o método próprio da ciência, nisso compreendendo bem sofistas como Górgias, Pródico, Protágoras, as suas instâncias e a sua função, no apelo a um discurso terreno, de homens para homens, mediante o qual pudesse modificar as próprias relações humanas: como e em que sentido, em que direcção e com que finalidade, é uma outra questão e nisso Sócrates será muitíssimo diferente dos próprios sofistas.

Sócrates, em *As Nuvens,* por um lado, aparece suspenso no ar, numa máquina cénica, para melhor observar o mundo da natureza («pairo no ar e observo o sol», v. 225) — o que pode significar, precisamente, o seu interesse pelos estudos de física e a sua convicção, ditada por aquele tipo de estudos, sobre a impossibilidade por parte do homem de captar as estruturas do real, a suspensão por parte de Sócrates do juízo sobre os deuses (como Protágoras) e o Ser (como Górgias), interpretada pelos Estrepsíades como negação da existência de Zeus —; por outro lado, aparece como mestre de discursos, defensor do 'discurso injusto' (isto é, o 'discurso humano', como se disse atrás, não é por acaso denominado por Estrepsíades 'o teu discurso', v. 244), pelo que sempre na interpretação de Estrepsíades, ou seja, do homem comum, firmado nas antigas concepções e no antigo 'justo', mas a quem na difusa debandada moral aquele 'discurso injusto' parece servir para outra coisa, um Sócrates charlatão, fugidio e palrador (*éiron,* v. 449, diz Estrepsíades, donde depois a acusação a Sócrates, mesmo da parte dos sofistas *macrólogos,* de *irónico; vaselina,* v. 449, diz ainda Estrepsíades, isto é, fugidio, que é já um reconhecimento do facto de que Sócrates não tem uma doutrina, ensina apenas através da refutação e da investigação humanas). Mas tudo isto, repetimos, é interpretação, porque, na realidade, já a partir de *As Nuvens* não se apresenta de modo nenhum um Sócrates ligado a uma doutrina precisa, ou, pelo menos, tendo uma *sua* doutrina particular; um Sócrates, isso sim, profundamente inserido em todo um ambiente de cultura, mas tendo já uma sua personalidade bem destacada, um modo seu de situar-se quer perante as posições dos físicos, se impingidas como as únicas verdadeiras, quer perante as posições dos sofistas, de quem se ocupa do mundo dos homens e dos modos com que se constituem os costumes humanos, quando tais posições não sejam de cada vez criticamente discutidas, mas assumam, pelo contrário, aspectos próprios dos advogados, edificantes, professorais e que acabam assim por redundar em palavreado, nos longos discursos de encantamento — retórica do ornato — ou em meras seduções.

Parece agora oportuno tratar de alguns textos de *As Nuvens:* são apenas alusões, mas bastante penetrantes — feitas naquela situação — e que apontam já alguns aspectos precisos do posicionamento de Sócrates, retomados e interpretados embora de maneira oposta por Platão. Há, entretanto, uma referência se bem que brincalhona, ou mesmo escarninha, talvez à 'maiêutica' socrática. É de ter presente que Sócrates não entrou ainda em cena. Estrepsíades, decidido a ir ele ao 'pensadoiro', para aprender a arte do enredo e da cavilação dialéctica, bate à porta com violência. Indignado, um discípulo do 'pensadoiro', interrompido numa sua investigação — o salto das pulgas — exclama: «Ignorante, que diabo de coices disparas contra a porta, sem sequer pensares nisso! *Fizeste-me abortar* o excogitado pensamento» (vv. 135-7). 'Ignorante', ἀμαθής *(amathés),* isto é, 'homem não preparado', *insipiens:* não por acaso 'discípulo' é μαθής *(mathés),* e, logo a seguir (v. 140), diz-se que de certas coisas só se pode falar aos μαθηταῖσιν, a quem tenha uma preparação; e não se trata de conventículos, de um saber escondido e secreto (a não ser em relação ao povo), mas de uma condição para que a pesquisa possa ser fecunda, pesquisa essa que, como se diz imediatamente depois, não é conduzida directamente por Sócrates, mas a um pedido de Sócrates; se a pesquisa não é bem conduzida, se não é bem controlado o 'excogitado pensamento' (a intuição), não se chega a nenhuma conclusão, é maior abortar (καὶ φροντίδ' ἐήμβλωκας ἐξευρημένην: v. 137). Dirá Platão uns cinquenta anos depois no *Teeteto,* interpretando a 'maiêutica' socrática:

> E a minha maior capacidade da minha arte de obstetra é que eu consigo, através dela, discernir seguramente se a alma do jovem dá à luz quimeras e mentiras, ou então coisas vitais e reais [...]: e a censura que já tantos me fizeram de que interrogo sim os outros mas nunca manifesto eu próprio o meu pensamento sobre nenhuma questão, ignorante como sou, é uma censura muito verdadeira. E a razão é exactamente esta, a de que deus me obriga a fazer de obstetra, mas proibiu-me de gerar. Eu não sou pois, em mim, nada que se pareça com um sábio, nem de mim surgiu qualquer sábia descoberta que seja uma geração do meu ânimo [...] Muitos, por outro lado, tendo-se afastado de mim, não só o resto do tempo não fizeram mais que abortar [ἐξήμβλωσαν] por maus acasalamentos em que caíram [...] (150c e ss.).

Veremos depois em que consiste a 'maiêutica' socrática, pelo menos na interpretação de Platão; mas, aqui, em *As Nuvens,* a referência ao *aborto* é não pouco sintomática. Feita ainda antes de Sócrates aparecer, é já uma introdução à posição de Sócrates: este avança com perguntas, quer se trate de questões de física, como no caso presente, quer se trate de outra coisa, não porque tenha já pronta a resposta — tanto é assim que mais tarde (v. 449), considerado por Estrepsíades, será declarado *fugidio* (μάσθλης: «a tira de couro, que indica impossibilidade de ser agarrado mediante o movimento»), *tagarela* (εἴρων, «o que confunde as águas movendo a língua e se torna escorregadio como 'vaselina', γλοιός», e, portanto, ἀλαζών, charlatão: cf. Dore, *L'ironia greca)* —, não por ter já pronta a resposta, mas para provocar, para ver como uma pessoa sabe raciocinar, como cada qual sabe fazer bem ou não o seu trabalho. Sob este aspecto, torna-se esclarecedor um outro texto de *As Nuvens,* onde, a um pedido preciso de Estrepsíades, de querer aprender a arte da cavilação, do enredo linguístico a ser transportada para o plano judiciário e forense, Sócrates como primeira coisa quer saber quem é Estrepsíades, qual o seu carácter, as suas capacidades: «Diz-me que carácter tens [...] Tenho de fazer-te algumas *perguntinhas»* (v. 482), onde deve sublinhar-se que o texto grego tem βραχέα *(brachéa):* ἀλλὰ βραχέα σου πυθέσθαι βούλομαι. Portanto, não apenas se trata de fazer perguntas, através das quais averiguar se o interlocutor é ou não fecundo (Platão sublinhará muito bem que Sócrates interrroga apenas quem é fecundo e só discute com aqueles que ele pode ajudar a dar à luz, não a sua 'verdade', a de Sócrates, mas a 'verdade' do próprio interlocutor), mas no termo *brachéa* pareceria já implícita a *braquilogia* socrática, contraposta à *macrologia* sofística. Por isso, não é por mero acaso que Sócrates, embora defendendo com os físicos que dos deuses e do Ser não se pode ter saber, que, portanto, as razões e os próprios fins do homem são devidos ao próprio homem e não são dados à partida, mas encontram-se e constituem-se através da mesma pesquisa comum, mediante o raciocinar *(dialéghestai)*, que a natureza deve ser estudada por aquilo que é, desmitificando-a — não é Zeus que faz chover, mas as nuvens: vv. 368 e ss. —, num mesmo contexto possa defender que as novas divindades, as Nuvens, permitiram também o aparecimento de um bando de charlatães, de profissionais da aldrabice, de encantadores, de pessoas que se julgam sábias.

São as Nuvens do céu, grandiosas deusas para todos os ociosos; elas fornecem-nos pensamentos, discursos, conceitos, a arte de vigarizar com longa conversa, de surpreender e de seduzir [ἥκιστ; 'αλλ'οὐράνιαι Νεφέλαι, μεγάλαι θεαὶ 'ανδράσιν ἀργῖς / αἵπερ γνώμεν καὶ δίαλεξιν καὶ νοῦν ἡμῖν παρέχουσι / καὶ τερατείαυ καὶ περίλεξιν καὶ κροῦσιν καὶ κατάληψιν] (vv. 316-8).

Parece aqui claro o ataque às possíveis degenerações da sofística, particularmente tendo presente o termo κατάληψις, isto é, o discurso que capta, que seduz encantando, onde parece poder reconhecer-se o longo discurso encantatório de Górgias («os inspirados encantamentos de palavras — exclama Górgias — são portadores de alegria, libertadores de sofrimento; acrescentando-se, de facto, à disposição da alma a potência do encanto, esta suaviza-a e persuade e arrasta com o seu fascínio»: Górgias, *Elogio de Helena,* 10), que na realidade não faz pensar, não discute através da própria pesquisa, isto é, do raciocínio *(dialéctica-diálogo)*, a validade das premissas, a que dialecticamente se chega de cada vez, *quebrando* o próprio discurso (donde as numerosas perguntas), para reconduzi-lo sempre às suas justas e não contraditórias premissas. Parece então claro um outro texto de *As Nuvens,* onde Estrepsíades fica encantado porque finalmente lhe parece que o filho aprendeu a arte do 'discurso'. «Ó filho, filho: que alegria, que prazer! [...] Basta que te olhe e pareces-me pronto a *rebater,* a *negar;* tens na boca a resposta habitual: 'mas que vais dizendo'» (vv. 1172-3). O texto grego tem ἀντιλογικός καὶ τοὐπιχώριον (*antiloghicòs* e *tupichòrion:* «opor discurso a discurso», e «distinguir», «partir o discurso da boca de outrem») e το τὶ λέγεις; (*to tì légheis* «o que é que dizes?»): termos que, se por um lado, evocam certas técnicas sofísticas refutatórias (usadas sem dúvida por Sócrates, como também se vê a partir de Platão, para recolocar sempre em discussão toda a tese aceite como tal, não filtrada através do crivo crítico), por outro lado, são o índice do modo como Sócrates situa a discussão, são uma vez mais o índice da *braquilogia* e da pergunta socrática τί ἐστι; *(tì esti?)*: mas *o que é?, que dizes?,* precisamente. De tudo aquilo de que se fala, é preciso em primeiro lugar saber o que é que se diz, o seu significado que linguisticamente seja válido para todos. O que não significa que conforme a pessoa com quem deparamos, para que seja possível o exame e a pesquisa comum, não seja útil também o discurso encantatório (como se vê de certos textos de Platão), no sentido médico-terapêutico, com o qual se liberta o outro, para poder depois passar ao diálogo, ao *tì èsti;* e para usar o encantamento pode muito bem servir o fascínio e a magia de Górgias, só que o fim continua a ser diferente, como diferente continua a ser o fim quando se utilizarem algumas técnicas refutatórias e erísticas de certos sofistas. E não só, pois o mesmo Sócrates que aceita as Nuvens — a postura da física de tipo anaxagórico —, tal como polemicamente defende que delas podem, no plano humano, vir as degenerações sofístico-retóricas, o palavreado e as confusões, de igual modo, também relativamente a cada uma das ciências, polemicamente sustenta que cada um dos cientistas pode pecar por presunção, por petulância, quando consideram a sua ciência o único saber definitivo, tornando-se assim tanbém eles charlatães e embusteiros.

E não sabias, por Deus, que as Nuvens dão de comer a uma multidão de petulantes [*sofistas,* tem o texto, no sentido genérico que vimos atrás, pelo que Anaxágoras era também dito sofista]: adivivinhos de Turi, curandeiros, vadios com guedelhas, unhas compridas e anéis, torneadores de cantigas de roda, astrólogos vigaristas. Alimentam mandriões vadios, que depois as cantam em música (vv. 330-4).

Interessante é, por fim, recordar que Sócrates por um lado abandona, depois de tê-lo posto à prova, o velho Estrepsíades («tolices: vai para o diabo, não te ensino mais nada»; v. 783) e que, por outro lado, se recusa a ensinar o jovem Fidípides, a não ser fazendo-o ouvir perante o 'discurso justo' as razões do 'discurso injusto' («Dos lábios dos dois Discursos aprendê-lo-á sozinho: eu tenho de ir-me embora»: vv. 886-7).

De *As Nuvens* de Aristófanes, tomadas independentemente, por agora, das outras fontes, embora lidas em contraluz, surge pois um Sócrates ateniense, em Atenas, no qual se vê o verdadeiro revolucionário, o crítico de velhas concepções teológicas assumidas como tais e o crítico dos costumes, sejam eles quais forem, uma vez cristalizados em moral corrente, sem apresentar, aliás, como se vê também em *As Nuvens*, uma concepção precisa, a não ser a de pôr de lado ordens já constituídas, instituindo em cada caso o discurso no plano humano, numa crítica de tudo e de todos, pelo que aparece, por isso mesmo, um Sócrates fugidio, inquieto, que introduz novas divindades e, por aquele 'seu discurso', corruptor dos jovens, na medida em que os desvia de qualquer fundamento válido para sempre da vida moral do país. Compreende-se portanto como da parte de um conservador, sobretudo numa altura de objectiva e grave desorientação moral, de pessoas voltadas inteiramente para interesses particulares, indiferentes ao destino da Cidade em guerra, Sócrates fosse visto como o pior sofista, o mais perigoso para o Estado constituído, para a conservação da ordem dada, inspirada na ordem devida aos deuses. E para melhor entender Aristófanes, e a sua amargura, e a nostalgia nascente pelos bons tempos antigos, e a educação dos jovens e de quem soube morrer em Maratona, parece oportuno recordar o célebre texto de Tucídedes, onde se descreve a situação da Grécia e de Atenas, a partir exactamente de 427, o ano em que estalou a revolta em Corcira, aliada de Atenas.

> Durante as revoltas intestinas caíram sobre a cidade muitas e graves desgraças, que acontecem e existirão sempre enquanto a natureza humana for aquilo que é, mais ou menos violentas e diversas, consoante a diversidade das circunstâncias [...] A guerra [...] é mestra de violência e faz com que as paixões da maioria se tornem semelhantes àquela que for a situação [...] O habitual *significado das palavras é, então, absolutamente subvertido de modo arbitrário* na interpretação dos factos [...] E os acordos [...] não eram garantidos pelo respeito à *lei divina* [...] Causa de todas estas dificuldades foi o imoderado desejo do poder e a ambição. Daqui, por esta disposição para a discórdia, o desencadear-se das paixões [...] (III, 82-3).

De toda a maneira, através de *As Nuvens* de Aristófanes, parece poder captar-se um quadro historicamente aceitável daquela que foi a formação de Sócrates, num ambiente cultural bem preciso, e daquelas que foram algumas suas tomadas de posição — para Aristófanes extremamente negativas — que, embora brotando da meditação sobre algumas conclusões da física de tipo anaxagórico, sobre a comprovada impossibilidade por parte da razão humana de sair para fora de si (donde o interesse pelo mundo das relações humanas que só se podem resolver no plano humano), precisamente em nome de uma certa metodologia científica, apontam para um contínuo apelo à investigação concreta sobre aspectos concretos do real (uma vez mais parece dever sublinhar-se a importância que tem o estudo do salto da pulga ou de como funcionam certos órgãos dos mosquitos), cada um deles operando conforme lhe compete, quer se trate de fenómenos naturais, quer se trate do estudo de como o homem, através do homem, se forma a si próprio, constituindo-se em cada caso na cidade humana. Já em *As Nuvens* se encontram alguns dos motivos que depois servirão de base para a interpretação que Platão dará de Sócrates: o significado dos estudos de física, a *ironia,* a braquilogia, o *tì èsti?,* a *maiêutica,* a *refutação* e a *dialéctica,* o significado dos *sofismas* de Sócrates e do seu interesse pela *linguagem,* embora em fragmentos, vistos a partir de fora, ridicularizados e considerados dentro dos limites do que podia originar-se em pessoas impreparadas e voltadas para os seus interesses imediatos, em pessoas não fecundas ou adormecidas (aquele tal 'cavalo preguiçoso e sonolento' de que fala Platão na *Apologia,* 30 e, que, esporeado por Sócrates, desperto por Sócrates, será o primeiro a dar coices nele próprio).

III. O SÓCRATES DE PLATÃO E OS SÓCRATES DOS 'SOCRÁTICOS', DE XENOFONTE E DE ARISTÓTELES

1. *Aristófanes e Platão. Platão e os outros socráticos.*

Indubitavelmente o Sócrates apresentado por Platão é, em relação à representação que de Sócrates se retira de Aristófanes, um Sócrates bastante diferente, muitíssimo mais rico, problemático; e não só isso, mas é subvertida, no que se refere à sofística e à conduta política do tempo, a função desempenhada por Sócrates no âmbito da história da cultura, magistralmente delineada por Platão. Platão interpretará Sócrates após a morte de Sócrates: e do Sócrates de Aristófanes ao Sócrates de que falará Platão (e também os outros socráticos) passaram mais de vinte e cinco anos e neste interim houve acontecimentos e situações históricas que, por certo, fizeram mudar algumas das atitudes de Sócrates, ainda que fundamentalmente a posição socrática se mantenha imutável. E não apenas isso, já que de permeio temos a acusação, o processo e a condenação de Sócrates à morte. Sócrates foi condenado, em 399, pela democracia restaurada. A acusação escrita de impiedade *(grafè asebèias)*, em que se baseia o processo, foi apresentada por Mélito: «[...] isto subscreveu e jurou Mélito de Mélito, Pítico, contra Sócrates de Sofrocnisco, Alopecense. Sócrates é culpado de não reconhecer como deuses os deuses tradicionais da cidade, mas de introduzir divindades novas: e é ainda culpado de corromper os jovens. Pena: a morte» (Diógenes Laércio, II 5, 40). Apoiantes *(synegoroi)* da acusação foram Ânito e Lícon: quanto a Ânito recorde-se que ele foi do partido democrático, exilado no tempo dos Trinta Tiranos, chefiados por Crícias, que, reentrado em Atenas com Trasíbulo, participou na restauração do governo democrático, e que, filho de um rico curtidor de peles, ele próprio foi um activo homem de comércio, pelo que, através de Ânito, democracia e 'honestidade' juntavam-se na restauração e conservação dos antigos usos e costumes de uma Atenas que já não existia. Numa altura dramática para Atenas, que tinha saído derrotada da guerra do Peloponeso, num momento em que mudando o que é de mudar, apresenta-se de novo historicamente uma situação análoga àquela para a qual Aristófanes escreveu *As Nuvens,* e que permitiu a retomada e a restauração da velha e conservadora democracia, compreende-se como Sócrates, pelas mesmas razões expressas por Aristófanes, seja considerado culpado, por um lado, de ter introduzido novas divindades, e por outro, de ter afastado os jovens da antiga via do 'justo' costume, de ter sido o génio maléfico da actuação despreconceituosa e individualizada dos Alcibíades e dos Crícias. E sobre o veredicto, pesou não pouco, evidentemente, a representação que de Sócrates Aristófanes construíra vinte e quatro anos antes. Não é certamente por acaso que Platão, no início da *Apologia,* uma clara recomposição, dentro dos parâmetros da interpretação platónica, do discurso que Sócrates fez realmente perante os juízes em sua defesa, põe na boca de Sócrates:

> Eis a acusação: Sócrates é réu e perde o tempo à procura do que está escrito debaixo da terra e do que está escrito no céu, e apresentando os mais débeis argumentos como se fossem os mais fortes e tudo isto ensinando aos outros; tal é, mais ou menos, a acusação, como vós próprios vistes na comédia de Aristófanes (*Apologia,* 19a).

Platão e os outros chamados socráticos (Antístenes, Aristipo), em situações políticas bem precisas, procurarão dar-se conta da função revolucionária tida por Sócrates, todos eles (cada um a seu modo, seja Platão, seja Antístenes, seja Aristipo) em contraposição com a restaurada democracia, quer se tenda para a realização de um estado cientificamente fundado, racional, quer, pelo contrário, se tenda para a libertação de si, para se ser a própria pessoa, que fará do sábio um estrangeiro em qualquer cidade, como parece ter dito Aristipo. Origens diferentes, culturas diversas, formações várias levarão a apresentar 'Sócrates' diferentes, permanecendo embora em todos o mesmo substrato, já claramente visto por Aristófanes, e sobretudo Sócrates que se percebe muito bem como possam entrar em choque com Estados semelhantes aos idealizados e concebidos primeiro pelos Aristófanes, depois pelos Ânito, e com o Estado de facto ateniense, tal como se foi constituindo a partir de 395. Sob este aspecto parece muito indicativo que por volta de 393, numa altura em que a 'democracia' ateniense se sentia reforçada, Polícrates retome, contra o Sócrates de Platão e contra o Sócrates de Antístenes, de Ésquines de Esfeto, de Aristipo, a velha acusação contra Sócrates, defendendo o veredicto de 399, remontando à interpretação que Aristófanes tinha dado de Sócrates. Ainda assim Platão, subvertendo precisamente a função de Sócrates, onde a 'sofística' de Sócrates será vista como um antidiscurso sofístico-retórico, sem dúvida de maneira mais reflectida e histórica, em relação à vida quotidiana do seu tempo e ao modo de conduzir a Cidade depois de 399, em polémica contra a concepção política e filosófica de certos oradores (Isócrates em particular), aproxima-se, na exigência de procurar os fundamentos de uma ciência política, muito mais do que parece, da exigência moralizadora de Aristófanes.

Se na *Apologia* platónica — como se disse — Sócrates atribui particular importância aos ataques da Comédia, é de pensar que os livres gracejos cómicos de 423 tivessem adquirido um valor diferente após a catástrofe de Atenas. Mas Platão compreendia bem o poeta, e na inesquecível cena final do *Banquete* apresenta-o ao lado de Sócrates num colóquio sério. E o discurso de Aristófanes, no mesmo diálogo, revela uma tal congenialidade entre o poeta e o filósofo que nos apraz considerar autêntico o epigrama em que Platão (14D) diz que a alma de Aristófanes era um templo das Cariátides (1).

Deliberadamente pareceu correcto aproximar Platão de Aristófanes: em primeiro lugar, pelas razões acabadas de citar — numa situação análoga, em que grassam guerras, injustiça e corrupção, Aristófanes e Platão procuram clarificar as ideias sobre as causas dos acontecimentos e sobre o modo de viver e de agir dos seus concidadãos —; em segundo lugar, porque tanto Platão como Aristófanes esboçam um quadro da cultura e das concepções que deram lugar, em Atenas, àquela que para um

(1) A. Lesky, *Storia della letteratura greca*, trad. it. de Fausto Codino, Milão, 1962, I, pp. 536-7.

e para outro é a situação presente, um e outro apontando aquela que segundo cada um deles foi a função (negativa ou positiva) desempenhada pelo ateniense Sócrates. Só que, à parte os tempos diferentes, Aristófanes dirige-se directamente ao povo e representa para o povo uma situação vista através dos olhos do próprio povo, de maneira não reflectida, mas imediata, num tu a tu com o seu público, que é aquele, na realidade, gravemente atingido e injuriado, ao qual se perspectiva nostalgicamente como ideal de vida um modo doravante definitivamente perdido e em que provavelmente já ninguém acreditava, precisamente por causa das novas ideias que circulavam em Atenas e postas em evidência por Sócrates. Esta foi, talvez, a razão por que a comédia, representada pela companhia de Filónides, nas Dionisíacas de 423, veio a ser reprovada. O primeiro lugar foi atribuído a *Garrafão* do velho e grande Cratino, o segundo a *Cone* do medíocre Amípsias, coetâneo de Aristófanes. Ainda que Amípsias ponha em cena Sócrates e os sofistas e, tanto quanto sabemos, o próprio Aristófanes na recomposição de *As Nuvens* (vv. 518-62), a comédia de Amípsias era bastante vulgar e, porventura, menos exacta, mais caricatural e chocarreira a representação de Sócrates. Só que o *Cone* de Amípsias, na sua menor complexidade, não devia ferir directamente o público, mas apresentar apenas como é que superficialmente Sócrates aparecia a um certo público: o filósofo extravagante, possesso, burlesco pelas suas atitudes; mas também o 'contestador' de uma certa sociedade, de uma certa usança, mantida de pé pelos conservadores, mas na realidade já vazia e que era, de facto, o tal costume apontado por Aristófanes; e perante aquele tipo de vida, aqueles enfeitados e perfumados senhores, aparece um Sócrates sem capa e sem sandálias, não conformista, que não se ocupa de si próprio, que fala e discute com todos, tal como, tanto quanto sabemos, Sócrates será representado, em 421, nos *Aduladores* de Eupolis. Não se pode dizer mais do Sócrates de Amípsias e de Eupolis, mas mesmo estes poucos dados, confrontados com o Sócrates de Aristófanes, são muito indicativos e devem ser tidos em conta para entender depois o Sócrates dos cínicos, e também o Sócrates de Platão.

Em relação a Aristófanes, pelo contrário, Platão interpreta Sócrates após a sua morte, quando o veredicto dos juízes já tinha provocado o 'caso' de Sócrates, depois de Sócrates, a partir de 422 — desde então nunca mais saiu de Atenas — ter entrado cada vez mais no vivo das situações históricas da Cidade — e foi este o período em que Platão teve relações com ele, a partir de 412 aproximadamente —, depois de ter sido perseguido pelo regime dos Trinta Tiranos, ao qual presidia Crícias, e condenado depois por um tribunal da restaurada democracia.

Vendo isto e vendo que homens estavam à frente da política [escreverá muito mais tarde Platão na *VII Carta,* uma autobiografia da sua formação filosófica, e por isso mesmo, escrita ao fim de uma vida, já uma interpretação de si próprio, mas sem dúvida muito sintomática na confissão que ele, Platão, suscitou ao filosofar meditando sobre a morte de Sócrates, do justo, «o meu caro e velho amigo Sócrates, que não hesito a proclamar o mais justo do seu tempo», (325 e), que não encontra lugar em nenhum tipo de Estado], quanto mais considerava as leis e os costumes, quanto mais amadurecido me tornava, tanto mais me pareceu difícil administrar honestamente os negócios do Estado. Sem amigos, sem companheiros de confiança, era impossível fazer qualquer coisa, e, por outro lado, entre aqueles cidadãos não era fácil encontrá-los, porque a cidade já não era dirigida segundo os usos e costumes dos nossos antepassados: impossível pois encontrar novos amigos a não ser à custa de grande esforço. As leis escritas e a moralidade corrompiam-se e dissolviam-se de maneira tão espantosa, que eu, em tempos todo ardor e pronto a trabalhar pelo bem público, observando esta situação e vendo como tudo caminhava para a demolição, acabei por ficar apavorado. Não deixava, não, de espreitar os possíveis sinais de uma melhoria nestes acontecimentos e sobretudo se melhorava a situação do governo, mas para agir, esperava sempre a altura oportuna, até que por fim compreendi que todos os estados actuais eram mal governados, pelo facto de a sua legislação ser quase incurável se não interviesse uma qualquer miraculosa providência acompanhada de boa sorte. Fui então irresistivelmente levado a louvar a recta filosofia e a proclamar que só através dela é possível compreender onde esteja a justiça quer na vida pública, quer na privada (325c-326a).

2. *Sócrates protréptico e dialéctico. A formação e a função histórica de Sócrates segundo Platão.*

Platão, por conseguinte, para dar-se conta da situação histórica e da política do seu tempo, para saber como agir e inserir-se fecundamente naquela política para modificá-la, por um lado, vai reconstruindo historicamente todo o ambiente cultural que está por detrás e é causa do que acontece agora e de como se pensa agora, e no qual Sócrates se foi formando; por outro lado, estuda a fundo desenvolvimentos e consequências de certas concepções, particularmente depois de 422, em Atenas, da Sofística em que parece basear-se a actual acção política, e reconstitui ao vivo na discussão — no diálogo — aquele processo; dentro daqueles debates, que se tornam o debate do próprio Platão em relação ao tecido cultural político do seu tempo, traça a atitude crítica de Sócrates. Tal postura de Sócrates é vista por um lado, como tensão socrática para uma reforma moral (e daí surge um Sócrates) e por outro lado, na interpretação do 'exame', da 'braquilogia', do *tì èsti?* de Sócrates, como procura através da dialéctica de quais são as premissas dialécticas, e por isso universais — não já históricas, isto é, baseadas nas opiniões, como para certos sofistas, das quais deduzir um discurso cientificamente válido, embora ainda no plano moral e político (e daí surge um segundo Sócrates, cuja interpretação dará lugar à concepção mais propriamente platónica).

É fora de dúvida que os dois Sócrates que encontramos em Platão estão estreitamente ligados, ainda que nos 'diálogos' platónicos apareça ora mais um, ora mais o outro, sendo que um é a outra face do outro. E isto, ao que parece, está em relação com a discussão entabulada em cada diálogo, com o preciso problema posto em questão e com os personagens históricos que intervêm. E aqui há que sublinhar a complexidade de cada diálogo de Platão. Cada um deles reporta-se sempre a uma situação histórico-cultural precisa. Mais, é exactamente da tomada de consciência crítica de uma certa situação histórico-cultural que, como em todo o pensador sério, nasce e se forma o pensamento de Platão, aquela sua determinada problemática ou solução válida dentro do âmbito de situações e conjuntos de 'verdades'. Assim, se para dar-se conta da génese do pensamento de Platão, através de Platão, interpretada e discutida pelo próprio Platão, parece interessante o estudo da razão por que Platão fingiu para cada diálogo certas datas, que reportam a discussão para culturas, problemáticas e personalidades bem precisas, tal verificação de como Platão ambiente os diálogos e das razões históricas por que os compôs, ajuda-nos não pouco a darmo-nos também conta do modo como Platão interpreta a posição histórica de Sócrates. Sob este aspecto tem importância lembrar que à medida que nos afastamos da morte de Sócrates, embora seja difícil determinar uma exacta cronologia dos diálogos platónicos, cada vez mais Platão procura historicizar a figura de Sócrates. Há assim alguns diálogos, sem dúvida tardios, dos quais surge em maior evidência a formação e a problemática de Sócrates jovem (as suas relações com a lógica eleática e com a física de Anaxágoras), ao passo que em certos diálogos menos tardios encontramos um Sócrates mais próximo do Platão empenhado nas discussões com certas conclusões e saídas das posições sofistas, tais como se tinham vindo a determinar em Atenas depois de 422; particularmente nestes emerge-um Sócrates dialéctico, o Sócrates que, através da dialéctica e da 'braquilogia', vai procurando as premissas formalmente necessárias e universais donde deduzir discursos inatacáveis e por isso verdadeiros: o que corresponde exactamente à polémica de Platão em relação à posição da relação humana, de origem sofística, fundada no jogo dos afectos, das impressões, das opiniões, empiricamente e não cientificamente (e é a polémica de Platão em relação à política própria da democracia ateniense entre 395 e 385, em relação à oradores tipo Isócrates). Nos diálogos iniciais, pois, aparece mais o Sócrates não conformista, irritante, que, posta de lado toda a pesquisa do que está para além da possibilidade da razão humana, inteiramente voltado para o mundo dos homens, procura através da pesquisa comum, da pergunta, do exame, espicaçar os outros, fazer com que os outros se dêem conta de si próprios, que sejam eles próprios. Em todo o caso, de todos os diálogos emerge sempre, mais que uma doutrina, um homem vivo, empenhado no discurso humano, dentro do âmbito de uma determinada cidade, Atenas, para, através da pesquisa, compreender-se a si próprio e aos outros, de modo que, de cada vez, independentemente de fundamentos morais já dados, cada qual saiba os seus limites e por isso as suas próprias possibilidades, recomeçando de cada vez a partir do princípio, porque cada situação é sempre diferente da outra, procurando sempre serem homens e não seres fechados em fórmulas.

Nesta linha, e dentro do âmbito da interpretação histórica da figura de Sócrates por parte de Platão, para o estudo da génese e dos diferentes momentos da história do pensamento socrático e do seu modo de colocar-se perante os vários momentos da história cultural-política de Atenas, parecem muito indicativas algumas alusões e clarificações que encontramos em *Parménides, Apologia* e *Fédon.*

Parménides é um diálogo certamente tardio, provavelmente composto por Platão por volta de 368. Como é sabido põe-se nele o grande problema da pensabilidade ou não das ideias e do Uno. O que aqui interessa é, contudo, o facto de que em *Parménides* vem referida uma discussão havida entre Zenão--Parménides e Sócrates ainda muito jovem, por volta de 454. À parte as conclusões, ou melhor, a questão colocada cerca de 368 por Platão, parece importante a abordagem de Sócrates ainda jovem à problemática esboçada através das aporias e da dialéctica de Zenão de Eleia, que, no âmbito da lógica avançava, precisamente, a impossibilidade de falar, de *dizer* quer o Uno quer o múltiplo, por outras palavras, a impossibilidade de qualquer passagem para o Ser que é, como quer que ele seja entendido. E assim, igualmente sintomático é que Platão, exactamente no início de *Parménides* sublinhe que a quererem ouvir novamente aqueles antigos colóquios e debates havidos entre Sócrates e Zenão-Parménides, estão pessoas vindas a Atenas de Clazómenas, ou seja, da terra de Anaxágoras. A referência e a abordagem são muito subtis e apresentam desde logo um quadro exacto da problemática que andava no ar em Atenas depois de 454 e que influenciou profundamente a formação de Sócrates e portanto a sua maneira de tomar uma certa posição. A problemática de Zenão, se por um lado, levava a colocar as condições da inteligibilidade do real apenas como *hipóteses* quer físicas quer matemáticas, que não captam a estrutura em si do real, por outro lado, na consciência da impossibilidade de captar o Ser ou o Devir, ou seja, a *Verdade,* implicava que se permanecesse no plano da opinião e do discurso humano, dentro dos limites do próprio mundo dos homens e das suas relações, donde também a posição de Górgias (e não é por isso um mero acaso que Platão precisamente em *Parménides,* relativamente à possibilidade ou não de *dizer* o Ser recorra a muitas das argumentações desenvolvidas por Górgias no seu *Do Não Ser ou da Natureza*). Se por um lado, a tese Zenão-Górgias (toda ela fundada em argumentações estritamente de análise lógica) levava à libertação do mundo dos homens de estruturas teológico-cosmológicas, já dadas, implicando com isso (Górgias) que é o próprio homem, complexo de impressões e de afectos, que jogando com aquelas impressões e aqueles afectos, mediante a palavra, constrói o seu mundo humano, por outro lado, a tomada de posição de Anaxágoras jónico, levava, dentro dos parâmetros do mundo científico, às mesmas consequências que se poderiam alcançar com Zenão. Experiência, memória, relações de experiência com que explicar os fenómenos dentro do âmbito dos próprios fenómenos, permitem-nos chegar a hipóteses, que explicam como a realidade é constituída, sem sair do âmbito das possibilidades humanas, de tal modo que aquelas hipóteses permaneçam racionais e todos os dados sejam incluídos dentro do Intelecto. Eliminava-se assim, no plano de uma honesta pesquisa física, toda a superior e independente razão ou divindade que ordena o mundo segundo os seus fins, pelo que os fenómenos vão-se explicando na sua *mecanicidade,* sem que neles haja qualquer finalidade. Daqui o significado, a nível científico, de estudos particulares em campos particulares, que implicam preparações particulares, peculiares instrumentos e a consciência crítica de que cada campo do saber não esgota todos os outros, não é o único ao qual sejam redutíveis todos os outros. Esta foi a lição ouvida por Sócrates da parte de certos cientistas e, por isso mesmo, o interesse que Sócrates ainda jovem teve pelos estudos de física.

Com Zenão-Górgias e com Anaxágoras, por conseguinte, como bem se vê também a partir de *As Nuvens* de Aristófanes, Sócrates por um lado põe de parte, como não científico, quer o problema do Ser quer a questão do conhecimento dos deuses e de outras divindades (o que para uma certa mentalidade podia muito bem ser negação dos deuses pátrios, ateismo), e, por outro lado, assente, precisamente, que cada um deve trabalhar dentro do campo da sua competência não impingindo como saber absoluto cada um dos 'saberes', em cada campo, Sócrates dirigiu-se, sob este aspecto em pleno acordo com os Górgias, os Protágoras, os Pródicos, ao mundo dos homens, ainda que seja para ele muito diferente o modo como se institui a relação humana. O que aliás não significa de modo nenhum desprezo das ciências desde que elas sejam conduzidas como deve ser e por quem tem competência para isso; mas desprezo isso sim para quem, embora competente num certo campo tem o orgulho de considerar o seu como o único saber, e, por isso, considerar-se sapiente em absoluto. E isto, por outro lado, tão-pouco significa negação da divindade: ciência e relações com a divindade estão a níveis diferentes — da divindade ocupem-se «sacerdotes e sacerdotisas, aqueles que estão dentro das coisas divinas» (*Ménon,* 81 a) —; pelo contrário, a mais profunda religiosidade consiste precisamente neste dar-se conta, por um lado, da sua ignorância relativamente àquilo que é enquanto é, e por outro lado, na consciência de que cada qual tem de fazer bem aquilo que lhe compete. Tal a interpretação que Platão dá, embora retomando-a de Aristófanes, da relação de Sócrates com os físicos e do seu interesse pelas ciências, mas negando as consequências que de tais relações Aristófanes deduzia, e, por isso, também a da impiedade de Sócrates e a de ele ter substituído Zeus por outras divindades (a Natureza). Não é por acaso, precisamente, que na *Apologia* Platão faz dizer a Sócrates:

> Esta é mais ou menos a acusação, tal como vós próprios vistes na comédia de Aristófanes: um Sócrates que anda à volta no ar, que se gloria de caminhar sobre as nuvens e que vai tagarelando muitas outras tolices, das quais eu nada sei, nem muito nem pouco. E não falo assim *por desprezo* por uma semelhante ciência, se acaso alguém a possuísse [...] Mas o facto é que, Atenienses, eu nada sei acerca disso (19 b-d).

Igualmente interessante é, por outro lado, o que Platão refere no *Fédon* relativamente aos primeiros entusiasmos de Sócrates pelos estudos sobre a natureza e pelo livro de Anaxágoras:

> Eu, quando era jovem, [...] fui tomado de uma verdadeira paixão por aquela ciência a que chamam pesquisa da natureza. E parecia-me na verdade altíssima ciência essa, conhecer as causas de cada coisa, e porque é que cada coisa é gerada, perece e é. E muitas vezes reformulava completamente toda a minha investigação [...] E pesquisando progressivamente a decomposição das coisas, e as vicissitudes do céu e da terra [parece quase uma citação de Aristófanes], acabei por persuadir-me de que *eu tinha nascido bastante menos do que qualquer outro* para este tipo de pesquisa [...] E nem sequer estou persuadido de que sei como é que uma coisa se gera; nem, em suma, de nenhuma outra coisa creio saber porque é que se gera ou perece ou é, se seguir este método de investigação; e procuro fazer por mim, o melhor possível, um outro método, visto que não sei adaptar-me a este de modo nenhum. Mas tendo ouvido uma vez um tal [tavez Arquelau] ler de um livro, como ele dizia, de Anaxágoras, e dizer que portanto há uma mente ordenadora e causa de todas as coisas, eu alegrei-me por essa causa, e pareceu-me, segundo o meu modo de ver, que este pôr a mente como causa de tudo convinha perfeitamente; e pensei, se as coisas são assim, quer dizer que essa mente ordenadora ordena todas as coisas no seu conjunto e dispõe cada uma delas singularmente do modo que para ela é o melhor [...] E eis que, pelo contrário, [...] de tão alta esperança eu me sentia cair em baixo e ser levado à medida que, avançando na leitura, via esse homem não valer-se efectivamente da mente, não atribuir-lhe algum princípio de causalidade na ordem do universo, mas sim apresentar como causas o ar, o éter, a água e muitas outras coisas [...] E pareceu-me ser exactamente o mesmo que se alguém, embora dizendo que tudo o que Sócrates faz o faz com a mente, quando depois se empenhasse em querer determinar as causas de cada coisa que eu faço, começasse por dizer que agora, por exemplo, eu estou aqui sentado pelo facto de o meu corpo ser composto de ossos e nervos; e que os ossos são rígidos, mas têm articulações que os separam uns dos outros;

e que os nervos são capazes de retesar-se e relaxar-se, e que envolvem os ossos juntamente com a carne e com a pele que os recobre; e portanto, como os ossos estão sempre suspensos e oscilantes nas suas junturas, e os nervos, relaxando-se e retesando-se, fazem com que agora eu esteja em condições de dobrar de algum modo os meus membros, esta é exactamente a causa por que pude dobrar-me e sentar-me aqui. E o mesmo seria também deste meu conversar convosco, quem o atribuísse a outras causas que tais, aludindo, por exemplo, à voz, ao ar, ao ouvido [...] (96 a-98 d).

Dos três textos platónicos apresentados evidenciam-se com clareza: o interesse de Sócrates jovem pela dialéctica de tipo zenoniano, pelos estudos de física, com particular atenção para os de Anaxágoras, e, fruto daqueles mesmos estudos, a sua declarada incompetência para os estudos relativos ao mundo da natureza, sem com isso negar o seu valor. No texto do *Fédon* insere-se, pois, ao lado dos primeiros entusiasmos pela física e ao seu abandono na consciência de não ser talhado para aquele tipo de estudos, uma novidade. Anaxágoras, mediante a tese do 'intelecto' (νοῦς) parece poder explicar as causas, o porquê das coisas e por isso os seus fins: na realidade, apresenta apenas causas mecânicas, explicando precisamente os fenómenos com os fenómenos, naturalmente, com saídas de tipo mecanicista. Isso mesmo. O método de Anaxágoras e a pesquisa física, no sentido atrás referido, levam efectivamente ao que Platão defende. Indubitavelmente, a crítica dirigida agora ao mecanicismo de Anaxágoras é fruto da pesquisa e da intenção de Platão, tal como são de Platão as conclusões que daí se tiram. Platão, aliás, embora interpretando em função de uma sua tese, devia fundar-se — se é historicamente exacto o que diz antes de Sócrates e o que diz de Anaxágoras —, em relação às conclusões de uma certa física, numa tomada de posição realmente socrática. Sócrates está sem dúvida de acordo com as razões de Zenão-Górgias por um lado e por outro lado com as dos cientistas, sobre a impossibilidade de *saber* as causas primeiras ou últimas do ser. Por outro lado, também não se pode ter esperança de uma explicação mediante o 'Intelecto' de Anaxágoras. Anaxágoras, coerentemente com as suas premissas, dentro do âmbito de uma pesquisa puramente física não pode deixar de chegar, cientificamente, a uma explicação mecanicista. Sócrates, por outro lado, está preocupado e interessado desde a sua primeira juventude no costume humano, no significado e nos fins do homem, como também se vê em *Parménides,* onde, precisamente, se põem em discussão, para encaminhar-se para uma pesquisa científica, aqueles juvenis entusiasmos de Sócrates pelo belo, pelo bem, pelo costume; ele passa através das proibições lógico-linguísticas de Zenão, depois através do método dos físicos, e dá-se conta de que no plano científico e no plano puramente lógico toda a passagem para um saber absoluto é ilícita (donde, como veremos, o célebre 'saber de não saber' de Sócrates). Estabelecido, pois, que racionalmente não se pode sair do horizonte humano, descobre-se que, permanecendo exactamente dentro dos limites do homem, a nível de uma correcta investigação da natureza, postas de lado outras hipotéticas razões não justificadas, não se pode deixar de interpretar mecanicistamente a constituição e o desenrolar dos fenómenos. Só que, sempre dentro dos limites de uma reflexão sobre a sua experiência de vida, por um lado, o próprio homem, enquanto estudado no âmbito das ciências (física, medicina), apresenta-se natureza, mecanicidade; por outro lado, exactamente porque se puseram de lado ordens e fins pré-constituídos, que já determinariam tudo e dos quais, afinal, nada se sabe, vê-se que o homem tem por natureza o não ter uma natureza dada e que enquanto acção, enquanto utiliza também o seu corpo, é tensão para outra coisa, constitui fins, age segundo razões que se vão delineando através do seu próprio raciocinar (*dialèghestai,* donde diálogo). Platão, daqui, da tese de que em si mesmo, no próprio homem se vão encontrando as razões, virá a interpretar tal tese de um certo modo que é seu, tirando daí consequências, que não vem para o caso expôr aqui. Mas a tese primeira, interpretada como sendo de Platão, é socrática: precisamente a tese dos dois níveis de investigação, pelo que a quem não é competente em física, em medicina, ou em outras ciências, posto que nada é possível saber daquilo que é enquanto é, compete o estudo de como o homem é homem, não mecanicidade, mas construção de si e do seu mundo, no conhecer-se a si próprio, através dos outros. E que assim seja parece dizê-lo, embora nas entrelinhas, também no *Fédon,* o próprio Platão. Não é por acaso que Platão faz sublinhar a Sócrates que é questão de *método,* isto é, dos nossos modos de pesquisa; o método das ciências naturais leva a um tipo de explicações (muito válidas, quando não se julgue reduzir tudo a elas, ou num saber considerado absoluto, ou em meras contemplações puramente teóricas e que não servem para nada), pondo de lado, por sua necessidade, outros tipos de explicações e de razões; o método da reflexão sobre si, do diálogo, leva a outra coisa, e funciona no plano humano, como o homem se constitui a si próprio como homem e por isso como cidadão.

> Nem, em suma, de nenhuma outra coisa creio saber porque se gera ou perece ou é, se eu seguir este *método de pesquisa;* e procuro elaborar por mim, da melhor maneira possível, um *outro método* (*Fédon,* 95 b).

E não só, pois logo a seguir se diz que se é verdade que eu estou sentado ou em pé conforme a posição dos nervos e dos ossos, isto explica apenas um aspecto do meu estar sentado ou em pé, ou como isso aconteça, mas não explica porque é que, por exemplo, eu estou agora aqui a falar com certas pessoas, porque é que, raciocinando, achei que devia fazer esta ou aquela acção, não explica o fim do meu agir. As razões das acções e, enfim, as razões das próprias coisas desvendam-se e captam-se no raciocinar, nos discursos (λόγοι). Não basta o simples 'olhar' e 'sentir': o 'olhar' e o 'sentir' tornam-se tais no raciocinar, nos discursos, pelo que quer os fins humanos, quer — e aqui é Platão a falar — o fim de tudo decide-se no próprio pensar, no *discurso.* Platão faz precisamente dizer a Sócrates:

> Depois disto [...] cansado como estava de tais pesquisas, julguei bem precaver-me disto, ou seja, que não me acontecesse como àqueles que durante um eclipse contemplam e pesquisam o sol: alguns de facto perdem nisso os olhos [...] E assim pensei também eu e temi que se me cegasse de todo a alma ao querer observar directamente as coisas com os *olhos* e ao procurar captá-las com cada um dos *sentidos.* E pareceu-me que tinha necessidade de me refugiar nos *lógoi,* e considerar neles a realidade das coisas (*Fédon,* 99 d-e).

3. *O interesse pelo mundo dos homens. Sócrates depois de* 423 *('As Nuvens').*

Aqui, à parte as conclusões platónicas, situa-se a problemática de Sócrates, a sua definitiva passagem, através do 'saber de não saber', para aquele 'saber' humano, que não é um saber dado, mas um saber que se constitui mediante a própria pesquisa, a contraposição e a composição das razões, o diálogo, numa nova razão, a pôr de cada vez de novo em discussão. Mas sempre, precisamente, e doravante, dentro dos limites do homem e do seu existir enquanto relação humana, enquanto, de cada vez, cidadão. Platão é até muito preciso sobre este ponto e distingue sempre claramente entre o nível humano e citadino (daquela cidade, Atenas, porque em outra cidade, o exame, o próprio constituir-se do homem citadino, seriam diferentes), precisamente de Sócrates amadurecido, e a passagem, embora através da pesquisa daqueles que são os modos mediante os quais o homem pensa e julga, para além do homem, para as condições, para as razões, para as formas com base nas quais se decompõe e articula o todo. Não é por acaso que no *Ménon,* por exemplo, onde Platão avança a sua tese da 'reminiscência', do 'conhecer como recordar', tal teoria não é de modo nenhum apresentada como socrática — e socrático permanece o saber como pesquisa, que se realiza na própria pesquisa sem pressupor já modos de saber, dados uma vez por todos, ainda que se trate dos modos matemáticos, como acontece já para o Platão do *Ménon:*

Não é que eu esteja certo e faça duvidar os outros — faz dizer Platão a Sócrates —, mas eu, com mais dúvidas que qualquer outro, faço com que também os outros fiquem com dúvidas. E assim, voltando à virtude, eu não sei o que ela seja; tu talvez o soubesses antes de contactares comigo [...] [E Ménon:] — Mas de que maneira, Sócrates, irás à procura daquilo que ignoras em absoluto? E qual das coisas que ignoras farás objecto de pesquisa? E se por acaso a descobres, como farás para dar-te conta de que era exactamente aquela que procuravas, se não a conhecias? *Sócrates:* — Compreendo o que queres dizer Ménon! Repara que belo tema erístico tu propões! O argumento segundo o qual não é possível ao homem procurar nem aquilo que sabe nem aquilo que não sabe; aquilo que sabe porque conhecendo-o não tem necessidade de procurá-lo; aquilo que não sabe porque nem sequer sabe o que procura. *Ménon:* — E não te parece, Sócrates, que se trata de um raciocínio bem conduzido? *Sócrates:* — A mim não! [...] tanto porque ouvi falar [é claro que Platão não a apresenta como tese socrática] de homens e mulheres bastante familiarizados nas coisas divinas [...], como também aquelas mesmas coisas diz Píndaro e muitos outros poetas, os poetas divinos [...]: e dizem isto, que a alma humana é imortal e que, ora ela tem um seu cumprimento, o que se diz morrer, ora renasce, mas que nunca é destruída [...] A alma, por conseguinte, dado que é imortal e várias vezes renascida, tendo visto o mundo de cá e o do Hades, numa palavra, absolutamente todas as coisas, não há nada que não tenha aprendido (80 c-81 c).

Embora numa base socrática ('conhece-te a ti mesmo', o apontar para a alma donde nasce, de cada vez, o saber humano), a passagem num mito à imortalidade da alma e à eternidade, Platão declara ser tese sua, não por certo socrática. E ainda, por exemplo, no *Banquete,* quando a sacerdotisa Diotima, falando do amor, passará do amor terreno e do amor pelas coisas belas e do amor humano, à perfeição da iniciação nos mistérios do amor e ao amor do belo em si, Platão faz dizer a Diotima:

> Ora, ó Sócrates, até este ponto dos mistérios de amor também tu poderás talvez ter sido iniciado; mas quanto à perfeição e à revelação, que os primeiros visam, se se proceder com justeza, não sei se serias capaz disso, [...] Procura acompanhar-me se puderes (*Banquete,* 209 e-210 a).

Daqui, pois, o Sócrates, que, pelo menos depois das suas campanhas militares, de 422 em diante, nunca mais saíu de Atenas, inteiramente tomado pelo mundo dos homens, para ser homem com homens, despertando a Cidade:

> Sócrates — diz Fedro —, nunca te afastes da Cidade, e não apenas para passar a fronteira, mas nem sequer para pôr os pés fora de muros.

E Sócrates:

> Eu tenho a paixão de aprender: mas o campo e as árvores não estão dispostos a ensinar-me o que quer que seja, ao passo que com os homens na cidade eu aprendo (*Fedro,* 230 c-d).

E no fim da *Apologia,* Platão faz exclamar a Sócrates que ele *espera* que morrer seja um bem, e não porque a alma imortal, liberta do corpo, irá contemplar o ser que é em sentido platónico (nesse caso seria na verdade o nada, anulados como seríamos no ser), mas porque ou morrer é um sono eterno, um nada, ou seja, deixarmos de ser homens, e, nesse caso, paz!, é o fim de todas as dúvidas, de toda a inquietude, ou então, admitindo que haja um além, uma transmigração para outro lugar, e para lá iremos, enquanto permanecermos homens (e se tivermos consciência disso não podemos deixar de permanecer senão homens, dentro do âmbito humano), continuaremos a ser discurso humano, relação humana, definição. Platão faz, pois, dizer a Sócrates:

> Vejamos [...] por que outra razão eu tenho tão grande esperança de que morrer seja um bem. Morrer é uma destas duas coisas: ou é mesmo, como alguns dizem, uma espécie de mutação, ou uma espécie de migração da alma deste lugar cá de baixo para um outro lugar. Ora, se morrer equivale a já não ter nenhuma sensação, e é como que um sono em que uma pessoa ao dormir não vê mais nada nem sequer em sonho, então a morte tem de ser um ganho maravilhoso. Porque eu penso que se uma pessoa,

depois de ter como que escolhido na sua memória essa tal noite em que tivesse adormecido tão profundamente a ponto de não ver nem sequer a sombra de um sonho, e depois, comparadas a esta as outras noites e os outros dias da sua vida, tivesse de dizer-nos, considerando bem, quantos dias e quantas noites em todo o decurso da sua vida ele tenha vivido mais felizmente e mais agradavelmente do que aquela noite; eu penso que essa pessoa, ainda que ela fosse não direi o favorito mas mesmo o Grande Rei, acharia muito poucos e fáceis de enumerar esses dias e essas noites em comparação com os outros dias e as outras noites. Se portanto a morte é isso, eu digo que é um ganho, até porque a própria eternidade da morte não se apresenta de modo nenhum mais longa que uma única noite. Por outro lado, se a morte é como que uma mudança daqui para outro lugar, e é verdade aquilo que contam, que nesse novo lugar se reencontram depois todos os mortos, que maior bem poderemos ter que isso? [...] — E o maior prazer de todos seria o continuar lá, como eu fazia aqui, a estudar e a pesquisar quem é na verdade sábio e quem apenas crê sê-lo e não é. Quanto daria um de vós [...] para interrogar e conhecer aquele que dirigiu contra Tróia o grande exército, ou então Odisseu, ou Sisifo, e quantos outros inumeráveis se podem recordar, homens e mulheres? Discorrer lá com eles e viver em conjunto e interrogá-los, seria na verdade o cume da felicidade (*Apologia*, 40 c-41 c).

Embora naquela que é a 'interpretação' de Sócrates dada por Platão em função da sua tomada de posição em relação a um certo tipo de política e de concepção política, própria de Atenas de 399 em diante, interpretação que, em todo o caso, coloca a figura de Sócrates no quadro de Platão, a cada passo, historicamente delineado a partir de todo um ambiente cultural, para ver as suas consequências no modo de pensar e de agir do seu tempo, Platão apresenta sem dúvida, relativamente a Sócrates, dois momentos: o primeiro, o da sua formação e da sua sensibilidade em relação ao novo movimento das ideias (que, embora vistas com outros olhos, pelo que Sócrates veio a ser depois, coincide com o quadro que nos é dado por Aristófanes); o segundo, o da definitiva tomada de posição de Sócrates, não contrastando absolutamente nada com o primeiro, pelo contrário, consequência consciente dele, isto é, o Sócrates que, abandonadas, embora sem desprezá-las, as pesquisas científico-naturais, que reconhecidamente saíram do plano humano com os físicos e os primeiros sofistas, se apresenta decididamente empenhado, em Atenas (na Atenas da segunda fase da guerra do Peloponeso), em dar-se conta a si próprio e aos outros do que é ser-se homem entre os homens.

4. *O 'oráculo de Delfos'. O 'não saber'.*

A questão, historicamente, torna-se aqui muito delicada, e, por tudo o que acabamos de dizer e resulta da análise de *As Nuvens* de Aristófanes e dos textos de Platão, não poderíamos defender, como já se defendeu, que Sócrates teria passado dos estudos de física, e mais, de ele próprio ter sido um físico, para a problemática da alma e do mundo humano, através de uma autêntica crise, uma 'conversão', como se chegou a dizer, aliás testemunhada por Platão na *Apologia* com a célebre narração do 'oráculo de Delfos', que teria revelado ao amigo de Sócrates, Querefonte, que Sócrates é o mais sábio dos Gregos porque sabe que não sabe. Para poder sustentar isso, seria necessário que, como precisamente se julgou, o oráculo tivesse revelado a Sócrates a insuficiência da física, ou seja, que a física não é capaz de captar as razões supremas, que são encontradas num repensamento sobre nós próprios, na consciência de si próprio, na alma. Mas isso implica uma interpretação do texto da *Apologia* com certas conclusões platónicas extraídas do *Fédon*. É indubitável uma relação entre o texto da *Apologia* relativo ao oráculo de Delfos e o texto do *Fédon* atrás discutido, desde que no entanto se procure eliminar do texto do *Fédon* as interpretações e as conclusões de Platão. Vimos que no *Fédon* se defende que Sócrates não foi um físico, mas se ocupou dos estudos de física e acreditou, em seguida, encontrar em Anaxágoras a explicação das 'causas' e dos 'porquês'; mas também no *Fédon* não se encontra, ao fim e ao resto, uma negação daqueles estudos, *daquela* física: há apenas o reconhecimento dos limites e das condições das ciências naturais, e que o método próprio da física só pode levar a explicações mecanicistas, não teleológicas. Só que isto não esgota toda a realidade, porque, em outro campo, o humano, liberto doravante, como o ensina a própria física e a dialéctica zenoniano-gorgiana, de ordens superiores, de hierarquias preestabelecidas, de razões que ultrapassam as razões humanas, às razões e os fins captam-se, em cada caso, através do mesmo discorrer, pelo que o homem é sempre homem. Não se trata por isso de um 'saber' absoluto, mas de um 'saber' que se faz, de um *saber* que, humanamente, nunca se esgota, mas se constitui tal na própria pesquisa contínua. E Sócrates chegara a isto, precisamente através da atenção que ele prestava às ideias que circulavam em Atenas, a certas conclusões das argumentações de Zenão e de Górgias e às conclusões de certos físicos. Sob este aspecto, na realidade, nem da parte dos físicos, nem da parte dos Górgias e dos Protágoras, tinha havido uma negação da divindade, ou de razões superiores, mas a negação de a parte humana poder captar o que pode transcender o homem, pelo que todo o *saber* é sempre humano. Se para Aristófanes e os homens ligados ao velho costume e às velhas concepções isto podia aparecer como uma dessacralização, como uma negação dos deuses e, como vimos, da justiça, isso constitui uma outra questão. Compreende-se, todavia, como, num certo e preciso ambiente no âmbito de um costume alterado, Aristófanes pudesse acusar Sócrates de ser um ímpio, um corruptor de jovens, alguém que em Atenas, através do 'seu discurso', ao rebater as velhas concepções, rebateu um tipo de *saber* com outro tipo de *saber,* interpretado por Aristófanes como o saber dos físicos, que dá lugar, através da palavra, à construção do mundo dos homens, em sentido sofístico. A tal acusação, ou interpretação, parece clara mais que a rebelião a elucidação de Sócrates sobre o que na realidade era o *seu saber,* a sua mais precisa relação com os físicos, o seu acordo com os sofistas no seu voltar-se para o plano humano, o seu desacordo com os próprios sofistas relativamente à questão de como se constituem as relações humanas, numa pesquisa que é 'ciência', e sobre o seu desacordo com quem, no âmbito de uma ou outra ciência, embora competente neste ou naquele campo, afirma que tudo se esgota nisso, que seja possível um saber absoluto e único. Tal, ao que parece, o modo como se apresenta o oráculo de Delfos, que não é de modo nenhum uma 'conversão', nem sequer no sentido etimológico da palavra, como já foi dito.

Não é por acaso, muito pelo contrário, que Platão, na *Apologia,* por um lado, faz referência às acusações feitas por Aristófanes («também vós vistes algo de semelhante na comédia de Aristófanes: um Sócrates que se faz conduzir à volta suspenso no ar e vai dizendo que passeia sobre as nuvens, e palra uma infinidade de outras palermices; tudo isso coisas das quais eu não entendo nem pouco nem muito; e não digo isto por desprezo por essa tal ciência...»: 19 c), sustentando não só que Sócrates não despreza de modo nenhum a física, embora não entendendo nada dela, mas também que, no que se refere ao mundo dos homens, ele está de acordo com os sofistas («se alguém é capaz de instruir homens como o fazem Górgias de Leontini, Pródico de Ceos e Hípias de Élis, isso parecer-me-ia algo de modo algum reprovável», tal como de modo algum seria reprovável alguém que seja entendido na virtude do homem e do cidadão como parece sê-lo Eveno de Paros: 19 e 20 b); e, por outro lado, em contraste com a interpretação de Aristófanes, precisa que é outro, particularmente em relação ao modo como os sofistas entendem instituir as relações humanas («eu não sou de modo nenhum um hábil falador [...], nem saberia proferir belos discursos como um jovem orador poderia fazê-lo [...] sou realmente estranho à eloquência dos tribunais»: 17 a-d), o modo como Sócrates entende, em contrapartida, tal relação e o próprio significado do saber humano, precisando, por fim, que relativamente ao saber absoluto, ele na realidade nada *sabe* e que isso não é de modo nenhum irreligiosidade, mas consciência dos seus limites, dentro dos quais tem de operar cada qual, se na verdade quer ser homem.

Não por outro motivo eu procurei obter esse nome [de cientista] a não ser por uma certa *minha sabedoria* [...] Aquela que eu denominaria *sabedoria humana* [ἀνθρωπίνη σοφία]. Pode realmente acontecer que eu seja sábio desta sabedoria [...] Da minha sabedoria, se de facto é sabedoria e de que natureza, eu chamo como testemunho [...] o deus de Delfos. Conheceste certamente Querefonte. Ele foi meu companheiro desde a juventude [...] E também sabeis que espécie de homem era Querefonte e como era decidido em tudo o que empreendia. Ora, eis que um dia ele foi a Delfos; e ousou fazer ao oráculo esta pergunta [...]: perguntou se havia alguém mais sábio que eu. E a Pítia respondeu que não havia ninguém mais sábio que eu. De tudo isto vos dará testemunho o seu irmão que está aqui Querécrates: o facto de Platão apresentar Querécrates como vivo e testemunha poderia não fazer duvidar da história do oráculo; porque Querefonte já morreu. Vedes agora por que razão vos conto isto: quero dar-vos a conhecer donde nasceu a calúnia contra mim. Ouvida a resposta do oráculo, reflecti deste modo: «Que é que quererá dizer o deus? O que é que ele esconde sob o enigma? Porque eu, por mim, não tenho mesmo consciência de ser sábio, nem pouco nem muito. Que quererá pois dizer o deus quando diz que eu sou o mais sábio dos homens? Por certo ele não mente; porque não pode mentir». — E durante longo tempo permaneci nesta incerteza, o que é que o deus quereria dizer. Finalmente, se bem que muito a contragosto, pus-me a investigar isso mesmo, deste modo. Fui ter com um desses que têm fama de ser sábios; pensando que só assim poderia desmentir o oráculo e responder ao vaticínio: «Cá está, este é mais sábio que eu e tu dizias que era eu». — Enquanto eu estava a examinar este — não há necessidade de dizer o seu nome [...], basta dizer que era um dos nossos homens políticos esse tal com quem, examinando-o e *discorrendo em conjunto,* fiz a experiência que estou para contar-vos —; pois bem, esse bom homem pareceu-me, sim, que tinha o ar, aos olhos de muitos outros e particularmente de si próprio, de ser sábio, mas na realidade não o era. E assim, a partir daquele momento não só o odiei a ele, mas também a muitos que estavam lá presentes. E, tendo-me ido embora, tive de concluir para comigo próprio que na verdade em relação àquele homem eu era mais sábio: no sentido de que tanto um como o outro de nós dois podia muito bem não saber nada nem de bom nem de belo; mas ele julgava saber e não sabia, e eu, pelo contrário, não sabendo, não julgava tão-pouco saber; e pareceu-me que ao menos por uma pequena coisa eu era mais sábio que ele, pelo facto de eu, aquilo que não sei, tão-pouco julgo sabê-lo. E fui por isso ter com um outro, dentre aqueles que tinham fama de ser mais sábios que ele; e aconteceu-me precisamente o mesmo; e também neste caso fiquei a odiar esse e muitos outros. Apesar disso eu continuei, ordenadamente na minha pesquisa; embora dando-me conta, com dor e também com pasmo, que começava a odiar a todos; e, por outro lado, não me parecia possível que eu não tivesse na maior conta a palavra do deus: «Se queres saber o que quer dizer oráculo, dizia para mim, é preciso que vás ter com todos os que têm fama de ser sábios». — Pois bem [...] este [...] o resultado do meu exame: os que tinham fama de maior sabedoria, precisamente esses, continuando eu a minha pesquisa segundo a palavra do deus, pareceram-me, quase todos, em maior falha; e outros que tinham nome de gente de pouca importância, melhores que eles e mais sábios. Mas quero acabar de contar-vos as minhas peregrinações e os esforços que fiz para persuadir-me de que era de facto incontestável a palavra do oráculo. — Depois dos homens políticos fui ter com os poetas, tanto os que escrevem tragédias e ditirambos como os outros; persuadido de que perante estes poderia captar em flagrante a minha ignorância e a sua superioridade. Examinava as suas poesias, as que me pareciam mais bem feitas, e aos próprios poetas perguntava o que é que queriam dizer; porque assim aprenderia também eu deles alguma coisa [...] Pois bem, pode dizer-se que todas as outras pessoas que estavam presentes discorriam melhor que os poetas sobre aqueles temas que os próprios poetas tinham poetado. E assim, também dos poetas soube em pouco tempo que eles poetavam não já por alguma sabedoria, mas não sei por que natural disposição e inspiração, como os adivinhos e os vaticinadores, os quais de facto dizem muitas e belas coisas, mas não sabem nada daquilo que dizem: é mais ou menos o mesmo, vi-o, muito claramente, o que se passa também com os poetas. E ao mesmo tempo compreendi também isto, que os poetas, pelo simples facto de fazerem poesia, julgavam ser os mais sábios dos homens mesmo nas outras coisas em que não o eram de modo nenhum. Então afastei-me também deles, convencido que era mais que eles pela mesma razão de que era mais que os homens políticos. Por fim dirigi-me aos artistas; tanto mais que da sua arte eu sabia muito bem que não entendia nada, e sabia que os iria encontrar conhecedores de muitas e belas coisas, e não me enganei: porque eles sabiam coisas que eu não sabia, e nisto eram mais sábios que eu, só que [...] também os bons artífices notei que tinham o mesmo defeito dos poetas: pelo simples facto de saberem exercer bem a sua arte, cada um deles presumia ser muito sábio também em outras coisas bastante mais importantes e difíceis; e esta falta de medida obscurecia a sua própria sabedoria. De modo que eu, em nome do oráculo, perguntei a mim próprio se aceitaria permanecer tal como era, nem sábio da sua sabedoria nem ignorante da sua ignorância, ou de ser uma e outra coisa, como eles eram: e respondi a mim próprio e ao oráculo que era melhor permanecer tal como era. Ora precisamente nesta pesquisa [...] surgiram muitas inimizades contra mim, violentíssimas e gravíssimas; e dessas inimizades muitas calúnias, e entre as calúnias o nome de sábio; porque de cada vez que discutia, as pessoas presentes julgavam que eu era sábio naquelas coisas em que me ocorria descobrir a ignorância de outrem. Mas a verdade é diferente [...]: *só deus é sábio;* e foi isto que ele quis significar no seu oráculo, que a sabedoria do homem vale pouco ou nada, e, dizendo que Sócrates era sábio, não quis, creio eu, referir-se propriamente a mim, mas apenas usar o meu nome como um exemplo [...] Eis porque ainda hoje eu ando à volta procurando e investigando, segundo a palavra do deus, se haverá alguém entre os cidadãos e entre os estrangeiros que eu possa considerar sábio; e dado que me parece não haver ninguém, eu venho assim em ajuda do deus demonstrando que sábio não há nenhum. E inteiramente tomado como estou por esta *ânsia de pesquisa,* não me restou mais tempo para fazer coisa nenhuma considerável nem para a cidade nem para a minha casa; e vivo em extrema miséria por este meu obséquio ao deus (*Apologia,* 20 c-23 c).

Pareceu oportuno transcrever a longa passagem da *Apologia* por várias razões. A partir dela, portanto, como dizíamos, não parece de modo nenhum que tenha havido uma 'conversão' de Sócrates, mas da parte de Platão, numa situação histórica, de acusações e contra-acusações pelo modo como tinha acabado a guerra do Peloponeso, bastante semelhante àquela em que Aristófanes escrevia, uma clarificação daquela que foi, segundo Platão a função tida por Sócrates — e consequentemente do tipo do seu 'saber' e da sua polémica — particularmente na segunda fase da guerra do Peloponeso, em relação ao modo como eram usadas as técnicas dos sofistas na condução da política de Atenas. Tal a razão por que Platão toma como ponto de partida o episódio do oráculo de Delfos. Que seja histórico não poderíamos dizê-lo. É certo que Platão sublinha que testemunha do episódio, tendo já morrido Querefonte, é o irmão deste mesmo, ainda vivo. E então pode adiantar-se a hipótese de que a resposta do oráculo tenha sido na realidade a resposta e a clarificação da parte de Sócrates em relação às acusações feitas por Aristófanes. Não é por mero acaso, muito pelo contrário, que se diz que

Querefonte foi a Delfos: em *As Nuvens* é exactamente o companheiro de Sócrates, Querefonte, que, juntamente com Sócrates, é posto em evidência. Nada obsta, por isso, que se possa considerar que na verdade Querefonte se tenha dirigido a Delfos e que a resposta do oráculo (sinal da religiosidade de Sócrates, porque, na realidade, o seu 'não saber' é relativo a um 'saber' matemático, diríamos nós hoje) serviu a Sócrates (e depois a Platão), por um lado, para precisar a sua posição, por outro lado, para precisar a sua diferença tanto no modo de entender a relação humana como no que se refere ao saber humano dos sofistas, e a sua polémica contra quem faz passar por saber absoluto aquilo que é sempre um saber relativo, ou melhor, para precisar que todo o tipo de discurso humano é válido, desde que se fundamente nas suas premissas. O discurso do político não é o discurso do poeta; assim, o saber deste ou o do 'artista', isto é, desde ou daquele técnico, do físico, do médico, do artífice, têm os seus conteúdos precisos, pelo que, sob este aspecto, cada um deles é um 'saber' diferente: assim, o 'saber' as condições que permitem a relação humana e sem as quais cada um dos próprios 'saberes' permaneceria abstracto (e humanamente inútil) e presumindo resolver tudo, é um 'saber' *sui generis,* é um saber que não é um saber, que não tem à partida qualquer conteúdo, mas que se constitui, de cada vez, mediante a própria pesquisa o 'exame', dando por fim um sentido a este ou àquele saber, pelo que, precisamente, o 'não saber', em cada caso, qual seja, ao lado do saber fazer o que é próprio de cada um, a capacidade (virtude) de ser, caso a caso, homem, será, mediante a mesma pesquisa, um 'saber de saber'. Daqui, ainda, através do oráculo de Delfos, a elucidação de que a actividade dele, Sócrates, deixadas cada uma das pesquisas isoladas a quem é nelas competente, se dirigiu, em particular, precisamente para este chamar cada um para a sua competência e para a consciência de si próprio, num despertar os outros para serem homens.

As Nuvens foram representadas em 423; Sócrates não voltou a sair de Atenas a partir de 422 (depois da campanha de Anfípolis). Desde 419, em Atenas, na guerra, as acções individuais, as políticas particulares, os conflitos devidos a pessoas isoladas, foram-se multiplicando, donde o prevalecer, por exigências particulares, do interesse pelo modo como 'seduzir' os outros para os seus objectivos, para o que podiam servir muito bem, usando os outros e tudo o mais como 'instrumentos', certas técnicas próprias dos sofistas. É dentro deste ambiente que Platão coloca, depois do oráculo de Delfos, a nova atitude assumida por Sócrates em relação aos seus concidadãos e a função por ele desempenhada.

O oráculo de Delfos pode, pois, representar a resposta de Sócrates, depois de 423, às acusações que lhe foram feitas por Aristófanes, fazendo cair essas mesmas acusações, e numa demonstração de que, pelo contrário, ele Sócrates, estava mais preocupado que Aristófanes em que a Cidade se encontrasse a si própria, mas não num retorno a um mundo já perdido para sempre, ou então — mas sempre no mesmo significado, numa situação histórica que, mudado o mutável, se apresenta como semelhante — numa interpretação de Platão da precisa tomada de posição de Sócrates, definitivamente consciente daquela que devia ser a sua função de homem na Atenas do seu tempo.

Não parece, então, que se possam reconstruir resolutamente dois Sócrates, como se fez de modo sugestivo: um primeiro Sócrates, que antecedeu a guerra do Peloponeso, físico de estrita observância, e um segundo Sócrates, que, tendo passado por uma grave crise, devida ao célebre episódio do oráculo de Delfos, é o Sócrates que transparece dos diálogos de Platão, numa maturação que chega à própria teoria platónica das formas. Parece, pelo contrário, poder-se falar melhor de dois momentos de um posicionamento único e de uma só exigência: um primeiro momento de máxima abertura a todas as correntes novas que confluem em Atenas, que é um momento de amadurecimento e problemática que leva Sócrates à consciência da sua função, e um segundo momento, durante a guerra do Peloponeso, em que se torna cada vez mais viva a exigência socrática de um apelo ao 'saber', que é um saber diferente do teorético, do que é fruto do método científico, do teológico, mesmo do que é próprio dos artífices e dos técnicos, dos poetas, e que assenta no 'saber raciocinar'. Isto implica os outros 'saberes', dá conta de cada um deles, constituindo não a partir de fora, mas a partir de dentro, a relação humana, e a consciência crítica do significado e dos limites de cada uma das nossas acções particulares e trabalhos em relação aos outros, sem nada pressupor, de cada vez, de uma certa maneira, que pode ser muito diversa da de ontem, mas sempre coerente com o que de cada vez resulta do ter sabido ajustar as 'razões'. Sob este aspecto é efectivamente diferente o Sócrates apresentado por Aristófanes, em situações históricas diferentes, do Sócrates apresentado por Platão, embora não sendo de modo nenhum um Sócrates oposto ao primeiro, mas transformação do primeiro.

Parece claro, agora, o modo como se apresentam os dois aspectos da única face socrática delineados sucessivamente por Platão; dois aspectos que, por um lado, virão a coincidir com o Sócrates de Antístenes e com o de Euclides de Mégara, por outro lado, nas conclusões de Platão, serão muito diferentes do Sócrates de Antístenes e Euclides, e ir-se-ão mesmo precisando progressivamente, num entrelaçado de polémicas com as soluções destes últimos, frutos também elas das 'sementes' socráticas, mais do que relativamente a Sócrates, relativamente às concepções de Platão, de Antístenes, de Euclides e, sob outro aspecto, de Isócrates. Além disso, recortando precisamente de Antístenes e de Platão, provavelmente também de outros que tinham falado e discutido acerca de Sócrates, retomando a problemática em torno do 'caso' Sócrates suscitada pela reiterada acusação de Polícrates, Xenofonte, numa espécie de fotomontagem (em particular nos *Ditos Memoráveis,* no *Banquete* e na *Apologia*), embora referindo-se a motivos próprios de Sócrates, irá delineando o *seu* retrato de Sócrates, todo ele entretecido de *tópoi* moralizantes, na tentativa de apresentar o exemplo de uma vida, de um homem — mal conhecido muitos anos antes, transfigurado pelo fascínio da *recordação* —, em que reflexão e acção coincidem num concreto homem vivo, e agora, em todo o caso, no ideal de vida de Xenofonte (um moralismo ascético e predicatório, gnómico, de coronel de cavalaria na reforma, como alguém disse), extremamente abstracto, banal, fora da história, da inquieta procura de saber viver, em concreto, o ingrato ofício de ser homem. E no entanto, as peças do mosaico de Xenofonte, a partir do qual se constituíram mais tarde os exemplos de vida, o exemplo do 'sábio' da parte dos estóicos, e que em Xenofonte são ainda, recolhidos numa pessoa, os *tópoi* de toda uma tradição moral, as peças daquele mosaico, ainda que necessariamente desfocadas, deslocadas do seu conjunto, revelam, caso a caso, os dois aspectos de que falávamos atrás, e são referidas ao conjunto, maleável e vivo, apresentado por Platão e a certas conclusões da interpretação de Antístenes.

5. *O 'exame' e a 'ironia'.*

O primeiro aspecto, por conseguinte, da única face socrática, tal como é apresentado por Platão, é o de um Sócrates protréptico, do Sócrates denominado por Platão 'nobre sofista', voltado para o 'exame', de um Sócrates que irrita, que procura em conjunto, sem nada pressupor, com todo aquele que tiver também dúvidas, de um Sócrates 'torpedo marinho', que chega ao ponto de interrogação, pondo os outros, seguros de si à partida, em contradição, fazendo com que os outros se envergonhem de si, corem de vergonha, donde, precisamente, a acusação a Sócrates de ser 'irónico', fugidio, que nunca dá uma resposta sua.

Por Hércules — faz exclamar Platão ao sofista Trasímaco — eis aqui a habitual *ironia* de Sócrates! E já o tinha predito a esta boa gente que tu, Sócrates, não terias querido responder, mas, fingindo nada saber, terias feito tudo de preferência a responder se alguém te tivesse interrogado [...] Certo! [...] ele não responde, mas dando um outro a resposta ele apodera-se dela e refuta-a (*República,* 337 a, 337 e).

E no *Górgias* (489 e) dirá o sofista Calicles, posto em contradição por Sócrates, em particular sobre o significado a dar a certos termos:

Tu fazes *ironia* [εἰρωνεύῃ, fazes jogos de palavras], Sócrates!

E na *Apologia* Platão faz dizer ao próprio Sócrates:

Aqui talvez alguém poderia dizer-me: «Mas, ó Sócrates, não serias capaz de viver quieto e silencioso uma vez saído de Atenas?» Eis a coisa mais difícil de todas de persuadir alguns de vós. Porque se eu vos disser que isso significaria desobedecer a deus, e que por isso não é possível eu viver quieto, vós não me acreditareis e direis que eu falo por *ironia;* se eu vos disser que precisamente isto é para o homem o maior bem, o discorrer em cada dia acerca da virtude e dos outros temas sobre os quais me tendes ouvido disputar e fazer pesquisas em mim próprio e nos outros, e que uma *vida sem exame é uma vida indigna de ser vivida:* se eu vos disser isto, ainda menos me acreditareis (37 e-38 a).

Claramente se conclui, portanto, que a 'ironia' (e sublinhe-se que nos textos de Platão o termo é usado pouquíssimas vezes, e sempre no significado citado) não é de Sócrates, ou melhor, é uma interpretação negativa do modo de refutar socrático da parte daqueles que Sócrates pôs em embaraço, sejam eles quais forem, o conservador e o homem novo, numa palavra, todos os que assumem atitudes professorais, catedráticas, que se apresentam à partida como seguros de si, excluindo toda e qualquer outra razão: Sócrates é um *èiron,* um palrador que se escapa, dizia já Aristófanes; Sócrates é um irónico, uma pessoa que brinca com as palavras pondo sempre tudo em discussão, em dúvida, dizem políticos como Calicles, sofistas como Trasímaco. Tomada ao invés, pelo contrário, a 'ironia' de que Sócrates é acusado, não é de modo nenhum uma 'brincadeira', uma zombaria (mais, quando se trata daquela que nós estamos habituados a chamar *ironia socrática,* Platão usa de facto outros termos, o termo κροσπαίξω, *zombar,* por exemplo: *Menéxeno,* 235 c), mas uma atitude bastante séria, a instância contínua de pôr sempre tudo em discussão, o encaminhamento para o 'exame', que, à partida, não pressupõe nada.

Parece-me que tu ignoras que todo aquele que entrar em familiaridade com Sócrates — diz Platão no *Laquete* — e, digamos assim, vier a fazer parte dos seus interlocutores, seja qual for o tema que esteja interessado em discorrer, arrastado pelas suas palavras, não conseguirá de modo nenhum libertar-se dele sem que primeiro lhe dê conta de si próprio, de como vive, de como viveu anteriormente. E ignoras que quando uma pessoa lhe caíu nas mãos, Sócrates não o deixa escapar antes de ter examinado bem e minuciosamente todas estas coisas. Eu estreitei relações com ele e sei que é necessário sofrer este exame [...] Na realidade [...] a mim agrada-me privar com este homem e acho que não é de modo nenhum um mal que ele nos faça recordar se agimos mal no passado e no presente, e que necessariamente deva ser de futuro mais previdente na vida quem não escapar a um semelhante exame, mas esteja disposto [...] a aprender enquanto viver e não creia que o simples facto de envelhecer baste para infundir-lhe o bom senso (187 e-188 b).

E ainda no *Sofista,* onde se trata de definir o melhor aspecto, para Platão, da *sofística,* a 'nobre sofística', como arte de purificar, através da refutação, embora em sentido protréptico e metodológico, Platão se bem que agora considere apenas negativa a pesquisa socrática e o saber moral que se descobre a si mesmo na própria pesquisa, cita como exemplo de 'nobre sofista' precisamente Sócrates (e que se trata de Sócrates depreende-se daquela frase: «a alguns que reflectiram nisso pareceu que toda a forma de ignorância é involuntária»), pelo seu apelo, pelo seu modo de conduzir o exame, através do qual põe os outros em dúvida:

Parece-me que a educação pode dividir-se em dois aspectos: há uma educação mais rude e uma outra mais fina. Uma delas, diria eu, é devida à tradição, venerável pela sua antiguidade, da qual nos servíamos sobretudo para com os filhos, e muitos ainda dela se servem, quando em relação a eles os filhos pecam em alguma coisa, em parte censurando-os, em parte exortando-os com mais doçura: de modo que este método poderia chamar-se, justamente, admonitório. Por outro lado, em contrapartida, a alguns [Sócrates] que reflectiram nisso, pareceu que toda a forma de ignorância é involuntária e que todo o que se julga sábio nunca poderá querer aprender nenhuma daquelas coisas em que se presume competentíssimo, de modo que o método admonitório da educação, por muito esforço que nele se despenda, obtém apenas muito pouco [...] Interrogam sobre aqueles pontos sobre os quais uma pessoa julga dizer algo sem dizer de facto nada que preste: depois essas opiniões, sendo de pessoas que procedem às cegas, facilmente as põem à prova, e articulando-as por meio de raciocínios põem-nas umas e outras em conjunto, e colocando-as assim apresentam-nas em contradição consigo próprias, em relação ao mesmo conteúdo, na mesma relação e no mesmo sentido. E esses tais ao verem isto irritam-se *consigo próprios*, mas mostram-se dóceis perante os outros e desse modo *libertam-se* daquelas suas grandes e obstinadas ilusões [...] e doce é esta libertação, porque útil [...] É verdade, porque, [...] os que procedem a tal purificação pensam-na como os médicos dos corpos, os quais estão convencidos de que ao corpo não pode ajudar o alimento se antes não tiver sido dele expulso o que constitui um estorvo; assim estes educadores persuadiram-se do mesmo modo em relação à alma: ou seja, que esta não pode tirar nenhum bem dos ensinamentos que se lhe propõem, antes que alguém refutando e levando quem é refutado a *corar de vergonha*, elimine as opiniões que servem de estorvo à aprendizagem, o mostre purificado e tal que julgue saber apenas aquilo que efectivamente sabe, e nada mais [...] (*Sofista*, 229 e-230 d).

6. *A 'dúvida' e a 'maiêutica'*.

Dentro deste primeiro aspecto em que Platão apresenta Sócrates empenhado no plano humano, compreende-se bem porque é que por um lado Sócrates, postas de lado as pesquisas das razões e as causas do todo, debruçando-se sobre o pensamento humano (a alma em sentido platónico) e sobre como se pensa, sublinhe (relativamente ao saber o que se deve fazer, à *capacidade*, virtude, de coordenar-se em conjunto, de modo que cada um realize *bem* o que lhe compete e que brota do próprio saber discorrer) que ele próprio, de cada vez, à partida nada sabe, ele próprio mais 'duvidoso' que os outros, e que tal saber se revela através do mesmo discorrer em conjunto, pelo que, precisamente, em princípio utilíssimo é o exame mediante o qual se despojam os outros das suas *verdades;* e por outro lado, sublinha que ele não foi, portanto, mestre de ninguém (não é por acaso que Platão nunca chamará a Sócrates *mestre,* mas *companheiro, etàiros*), mas que procurou ajudar todos a darem à luz a si próprios ('maiêutica'), se fecundos, isto é, com dúvidas, se não já apanhados por esta ou aquela impressão imediata (paixão), levando-os primeiro à dúvida, actuando assim como um torpedo marinho.

Ménon: — Sócrates, ainda antes de encontrar-me contigo, sabia que não fazes mais que por-te em dúvida a ti e aos outros. Mas agora, como me parece, fascinas-me, seduzes-me, encantas-me, a ponto de já não ter nenhuma via de saída. E, se me é lícito gracejar, tornas-me semelhante de facto, na figura e no resto, ao achatado torpedo marinho; porque também este, se alguém se aproxima e o toca, logo o faz entorpecer. Ora parece-me que provocaste em mim o mesmo efeito, pois que estou verdadeiramente entorpecido na alma e na boca, e já não sei que responder-te. Tanto assim que fiz muitos discursos sobre a virtude e perante um grande público, e muito bem, segundo me parecia. E agora, pelo contrário, nem sequer sei dizer o que ela seja [...] *Sócrates:* — [...] Está bem, mas se o torpedo faz entorpecer os outros porque ele próprio está entorpecido, nesse caso eu assemelho-me a ele: se não, não; porque não é que eu tenha a certeza e faça duvidar os outros, mas *eu mais que que qualquer outro duvidoso, faço com que também os outros fiquem duvidosos.* E assim, voltando à virtude, eu próprio não sei o que ela é; tu talvez o soubesses antes de me tocar: agora, porém, tornaste-te semelhante a quem não sabe. Contudo, quero procurar e indagar contigo o que ela seja [...] (*Ménon,* 79 e-80 d).

Eu — diz-se no *Hípias Menor* — nestes temas *oscilo* para cima e para baixo, e nunca sou da mesma opinião. E nada há de espantoso que eu, ou outro incompetente, esteja incerto. Mas se também vós, os sábios, estiverdes incertos, também para nós essa será doravante uma terrível situação, se, nem sequer recorrendo a vós, conseguirmos libertar-nos do nosso *oscilar* (376 c).

Dentro deste âmbito parece claro em que sentido Platão, no *Teeteto,* se refira àquele determinado exemplo do Sócrates obstétrico *(maiêutico),* a que, talvez, Sócrates aludisse por graça de facto, quando se diz que ele afirmava ter recebido de sua mãe Fenareta a arte de fazer dar à luz. E aqui sublinhe-se que Platão usa certamente aquele exemplo em função da *sua* discussão apresentada no *Teeteto,* obra tardia (cerca de 368), que deve ligar-se ao *Parménides,* em polémica contra as posições, segundo as quais o conhecimento se funda na experiência sensível, ainda que ela seja depois coordenada pela actividade da razão, que, no entanto, continua a ser sempre condicionada pela própria experiência (e a polémica é provavelmente contra Antístenes) se não se encontram modos, 'formas', que operam na experiência independentemente dela; Platão repropõe, todavia, como sempre (como também no *Parménides* em relação à sua tomada de posição em relação aos eleato-megáricos), uma certa posição histórica de Sócrates, a partir da qual ele depois, interpretando, passa a outra posição. Não interessa agora para o que é que pensa Platão, mas sim que Platão, através do exemplo do Sócrates maiêutico, mas com toda a clareza, sublinha como Sócrates não tinha uma resposta já pronta e fingia não saber para levar depois o outro a tirar cá para fora a única *verdade,* a que Sócrates teria já chegado.

Sócrates: — Estás com as dores, caro Teeteto, dores que revelam não vacuidade, mas plenitude. *Teeteto:* — [...] Não sei, Sócrates: eu não afirmo a não ser aquilo que provo. *Sócrates:* — [...] Não ouviste dizer que eu sou filho de uma muito boa parteira, Fenareta? *Teeteto:* — Ouvi dizer, sim senhor! *Sócrates:* — E que exerço essa mesma arte, ouviste dizê-lo? *Teeteto:* — De modo nenhum! *Sócrates:* — Fica sabendo, então, que é verdade! Mas não vás dizê-lo aos outros. Meu companheiro, é neles de facto que, escondido, eu exerço essa arte: e, não o sabendo, não dizem isso de mim; dizem, em contrapartida, que sou um dos homens mais extravagantes e que não faço mais do que pôr as pessoas em *embaraço.* Isto tê-lo-ás ouvido dizer, não? *Teeteto:* — Sim. *Sócrates:* — Terei de dizer-te a razão? [...] Lembra-te de tudo aquilo que faz uma parteira e mais facilmente compreenderás o que quero dizer. Sabes que nenhuma mulher enquanto tem possibilidade de conceber e de gerar desempenha essa função de fazer dar à luz outras mulheres: tal tarefa é feita apenas pelas que já não podem gerar [...] E não será também evidente, e mesmo necessário, que sejam as parteiras a reconhecer melhor que qualquer outro se uma mulher está ou não grávida? [...] E não são as parteiras que, mediante os seus medicamentos e magias, são capazes de despertar ou mitigar as dores à sua vontade, e apressar o parto às mulheres que demoram, e, se acham bem, fazer abortar quando o feto não está ainda maduro? [...] E não notaste também o facto de elas serem peritíssimas em combinar casamentos, hábeis como são em reconhecer que homem e que mulher devam unir-se para gerar os melhores filhos? [...] Reflecte: pertence ou não à mesma arte cuidar e recolher os frutos da terra e reconhecer em que terra, que planta e que semente deve ser semeada? [...] Ora, a minha arte de maiêutico é em tudo semelhante à das parteiras mas difere nisto, em que ajuda a fazer dar à luz homens e não mulheres e provê às almas geradoras e não aos corpos. E não só, pois o significado maior desta minha arte é que consigo, mediante ela, distinguir, com a maior segurança, se a mente do jovem dá à luz quimeras e mentiras, ou coisas vitais e verdadeiras. E tenho em comum com as parteiras precisamente isto: também eu sou estéril, estéril em sabedoria; e a censura que já muitos me fizeram de que eu interrogo os outros, mas nunca manifesto o meu pensamento acerca de nada, é uma censura muito verdadeira [...] Por conseguinte, eu próprio não sou de modo nenhum sábio nem se gerou em mim qualquer descoberta que seja fruto da minha alma. Pelo contrário, aqueles que entram em relação comigo, ainda que de início alguns se revelem absolutamente ignorantes, todos eles, depois, continuando a viver em íntima relação comigo, desde que deus lho permita, progridem maravilhosamente, como eles próprios e os outros afirmam. E é claro que de mim nunca aprenderam nada, mas que eles, por si, encontraram e geraram muitas e belas coisas. É certo, em contrapartida, que a causa do seu parto somos deus e eu [...] E se, seguidamente, o demónio que está sempre em mim me proibe de unir-me com alguns, com outros, pelo contrário, permite-o e estes tornam-se de novo fecundos. Pois bem, os que se unem a mim sofrem também nisto as mesmas dores das parturientes: sentem de facto as dores e dia e noite estão cheios de irrequietude muito mais que as mulheres. Ora, a maiêutica tem o poder de despertar e acalmar tais dores [...] Há depois outros, Teeteto, que a meu ver não estão de modo nenhum grávidos: esses, reconhecendo que não têm nenhuma necessidade de mim, confio-os com muita benevolência a outros e, com a ajuda da divindade, encontro muito facilmente com quem possam juntar-se tirando proveito disso. E assim liguei muitos a Pródico, muitos a outros sábios e divinos homens [... Mas voltando a ti, Teeteto, que me pareces grávido e com as dores de parto] se, examinando algumas das tuas respostas, considero que sejam quimeras e não verdade, e as arranco e deito fora, não te enfureças [...] Já muitos [...] têm contra mim essa má vontade, a ponto de estarem de facto prontos a morder-me se procuro cortar-lhes alguma estupidez e não pensam que eu faço isso por benevolência [...] (*Teeteto,* 148 e-151 d).

7. *O 'não saber' e a 'virtude' como 'saber'. O 'conhece-te a ti mesmo'.*

Vêm agora espontaneamente à memória as já citadas palavras de Platão, no *Fedro,* sobre as razões pelas quais Sócrates não deixou nenhum escrito e sobre o significado das 'sementes' socráticas:

Creio ser obra muito mais bela quando alguém, servindo-se da arte dialéctica, tomando uma alma para tal preparada nela planta e semeia com sabedoria discursos que são sempre capazes de vir em auxílio de si e de quem os plantou e que não são estéreis, mas encerram em si um germe donde brotarão outros discursos, plantados por outras almas (*Fedro*, 277 a).

E não apenas isto, mas da longa página sobre a 'maiêutica' resulta também com extrema clareza que o saber socrático não é nem saber teorético nem saber técnico (outro, dizíamos, e a outro nível é o saber teorético e, sob outro aspecto, o saber técnico), mas é outro tipo de saber. É um saber que se actua no realizar plenamente aquilo que cada um é numa consciência crítica dos seus limites e por isso das suas possibilidades concretas, sabendo sempre como é *bem* realizar o seu ofício e, portanto, ao mesmo tempo realizar-se a si como homem, em relação com os outros homens, porque cada um é ele próprio na medida em que é mais que um, é ele próprio enquanto é relação com os outros, num fazer-se com os outros. Sob este aspecto Sócrates corta pela raiz toda a fundamentação da moralidade, sublinhando que não há moralidade, isto é, homem, se não há dúvida, e se através da discussão de si consigo próprio e com os outros (não os outros como entidade, como massa, mas como Alcibíades ou Crícias ou Calicles ou Protarco, este homem ou aquela mulher, porque cada um é diferente do outro, cada um está sempre numa situação diversa da do outro), através da discussão das razões em conflito (paixões até permanecerem em conflito, ou nos deixamos agarrar por uma e não pela outra), através do exame, não se harmonizam entre si aquelas mesmas razões, numa nova razão, que explica as outras, e que em cada caso aponta o que deve fazer-se, o que, precisamente, é bem, aquele bem ou aquele mal que exactamente por isso eu nunca conheço à partida, mas apenas em cada caso através da mesma procura. Não há, por conseguinte, o bem — e tão-pouco o mal —, mas o saber fazer bem, pelo que o bem não é um dado, não é objecto de conhecimento e, de cada vez, não sabemos o que seja. Se já conhecêssemos (teoreticamente e, portanto, como realidade que é) o bem e o mal, nunca escolheríamos o mal. Donde os célebres corolários socráticos, que ninguém faz o mal voluntariamente e que o mal é ignorância, isto é, é agir sem exame, aquele exame de que brota o 'saber'. E ainda, precisamente na medida em que tal saber não tem objecto, mas se constitui de cada vez através da mesma pesquisa, o *bem* de hoje pode não ser o bem de ontem, pelo que agir como homem, ser homem, é modificar-se e modificar, é um 'filhar', pelo que cada um tem de ser de cada vez homem 'novo', desiludindo-se em cada caso da sua cristalização, libertando-se da esclerose daquilo que fazemos.

Sob este aspecto é assaz elucidativa uma página dos *Ditos Memoráveis* de Xenofonte. Embora Xenofonte, como dizíamos, insistindo no aspecto socrático da libertação das paixões, interprete tal libertação não socraticamente, mas em sentido moralista, reutilizando através de Sócrates os *tòpoi* da mais antiga literatura moralística, num estrito rigidismo moral, em contraposição com o hedonismo de Aristipo, acabando por coincidir com certos aspectos da moral de Antístenes, em todo o caso ele tem sem dúvida presentes alguns motivos próprios de Sócrates, donde foi pois tirando o seu Sócrates, na maioria das vezes de maneira contraditória (o que daria consistência à hipótese da historicidade do Sócrates apresentado à partida, ainda que deduzido de algumas páginas de Platão e de Antıstenes). E, primeito que tudo, o Sócrates não empenhado em questões metafísicas e teológicas (o texto de Xenofonte não fala efectivamente das competências em física ou em outras ciências):

> [...] acerca da natureza do Todo não disputava tal como disputam muitíssimos outros, nem investigando qual seja a estrutura daquilo que os sábios chamam cosmos, nem por que necessárias causas se constitua cada uma das coisas celestes em particular: considerava mesmo loucos aqueles que se preocupavam com tais coisas [...] Espantava-se de como para esses não fosse claro que não é possível aos homens descobrir essas coisas, tanto mais que aqueles que mais que os outros têm a arrogância de falar disso, não têm a mesma opinião, pelo contrário estão entre si como que em fúria [...]; pessoalmente, em contrapartida, ele apenas discutia das coisas humanas [...] (I 1, 11-6);

Um Sócrates, portanto, comprometido dentro dos limites do horizonte humano. Em segundo lugar, o Sócrates que considera homem de verdade quem tem sempre consciência daquilo que é, das suas competências, e que sabe que não há acto bom, se tal acto não é fecundo, não se realiza bem, não é útil:

> Como Sócrates se preocupava por que os seus amigos se bastassem a si próprios naquilo que tinham de fazer, eis o que direi agora: não conheci ninguém que se tivesse preocupado tanto em descobrir aquilo que os homens sabiam; aquilo que convém ao homem excelente [καλῷ κἀγαθῷ: isto é, ao homem que se realiza a si próprio como é, *bem* e *belamente*] saber, o que ele sabia, ensinava-o com enorme ímpeto; se pelo contrário de alguma coisa lhe faltava a experiência, *levava-os a pessoas que o soubessem* [recor-

de-se o que já Platão sublinhava na página sobre a 'maiêutica']. Mostrava também até que ponto um homem bem formado deve conhecer cada uma das ciências. A geometria, por exemplo, dizia que era preciso estudá-la quanto baste para poder, em caso de necessidade, medir exactamente um terreno para adquiri-lo ou transferi-lo ou distribuí-lo ou mostrar o trabalho que nele se deve fazer. E isto é tão fácil de aprender-se que todo aquele que aplique a mente à medição fica a conhecer a extensão do terreno e ao mesmo tempo retém o método para a própria medição. Não admitia, porém, que se levasse o estudo da geometria até nele incluir certas figuras demasiado complicadas. Pela sua parte, dizia não compreender para o que poderiam servir e no entanto não era de modo nenhum leigo nessa matéria: dizia também que eram suficientes para ocupar toda a vida de um homem e mantê-lo afastado de muitas outras ciências úteis [...O mesmo dizia no que se refere a todas as outras ciências] (IV 7, 1 ss.).

Embora em função de outra coisa, as duas teses socráticas (Sócrates preocupa-se por que todos os seus familiares sejam bons e peritos no seu ofício; Sócrates sublinha que a ciência é válida não quando permanece um puro jogo mental, mas quando é útil à vida) apresentadas por Xenofonte parecem reflectir a autêntica posição de Sócrates. Da primeira tese conclui-se que é necessário que cada qual faça bem, seja sério naquilo que faz; é necessário que cada qual empregue a maior competência possível naquilo que faz. A moral de Sócrates não ensina, não faz prédicas. Ele apela a que cada um naquilo que faz saiba o que faz. O homem é homem na medida em que actua e a sua actividade é a actividade que desenvolve na sociedade através daquele que é o seu trabalho quotidiano, fazendo bem aquilo que faz. Por isso, é preciso que se faça aquilo que se sabe fazer, e para fazer bem o que fazemos (seja quem for, o sapateiro e o albardeiro, o professor e o advogado) é indispensável toda uma educação técnica. O pedreiro não pode fazer paredes se não souber como elas se fazem. Aqui está o apelo mais concreto de Sócrates, o seu discurso não voltado para a edificação ou para a retórica moral, mas para despertar em cada um a consciência crítica de que é bem fazer bem o seu ofício, porque não existem homens em abstracto, mas homens que fazem algo, em algum país, nesta ou naquela cidade, entretecidos de uma ou outra cultura. E para que cada acto seja bom, é preciso que ele resulte na sua inteireza. Donde a segunda tese formulada por Xenofonte, e que reflecte o que encontramos também em Platão, isto é, que cada acto é válido na medida em que for útil: se fosse verdade que a vida moral, os actos bons, nada têm a ver com a utilidade, isso quereria dizer que a moralidade é inútil. Para que o acto seja acto ele deve resultar. E não resulta se não tivermos em conta os dados, os limites, as situações em que nos encontramos, conhecendo aquilo que, em contrapartida, podemos ter: a capacidade (virtude) de coordenar esses dados, de orientá-los numa determinada direcção, constituindo um novo mundo, uma nova relação humana, exactamente uma acção fecunda. Compreende-se bem, assim, em que sentido Sócrates diz à partida que ele não sabe, que em certas questões 'oscila', que é um homem que 'nunca se contenta' (*Hípias Maior,* 290 d-c), e que a sua função, naquela Atenas daquele tempo — em particular na Atenas durante a guerra do Peloponeso —, foi a de, tendo presente a situação cultural e social dos seus concidadãos, irritar, de servir como que de aguilhão a todos, para que cada um acordasse, fosse homem, se despojasse das verdades aceites acriticamente, se desse conta daquilo que verdadeiramente cada um é. Donde, uma vez mais, o 'exame' e a 'pergunta' através dos quais tornar o outro consciente de que também ele, caso a caso, não sabe, de que é preciso pôr sempre tudo em discussão, pelo que, justamente, quando se chega ao fim cada qual saberá o que deve fazer: cada um, por sua conta, pelo que, precisamente, não pode existir uma resposta única, que valha para todos, e, por isso, nunca existe uma resposta de Sócrates. E não só isso, mas se por um lado Sócrates põe os outros em dúvida, tentando com isso (mediante o exame e a proposta de *definir* o que cada um julga saber, para mostrar no fim que aquelas definições eram pura e simplesmente aceites, eram fórmulas acriticamente assumidas) fazer com que cada um tenha consciência de si próprio repropondo-se de cada vez o que é fazer bem, tornando-o assim fecundo, exactamente na medida em que se chega à dúvida, e não apresenta por isso nenhuma mensagem universal, é claro porque é que, por outro lado, Sócrates, que no entanto está disposto a falar com todos, se recusa a discutir com quem se lhe apresenta como infecundo, ainda exclusivamente apanhado por outras coisas (isto é, passivo e não actuante) e não inquieto, duvidoso, ainda ignorante de si próprio, não interessado em conhecer-se a si próprio. Se Platão volta a isto várias vezes, em *Alcibíades I* tal motivo é muito bem sublinhado. Pode acontecer que *Alcibíades I* tenha sido escrito em resposta, como talvez também o *Alcibíades* de Ésquines de Esfeto, às reiteradas acusações contra Sócrates da parte de Polícrates (Sócrates génio mau inspirador do traidor Alcibíades e do tirano Crícias), mas é um facto que tanto Ésquines como Platão (está em aberto o problema da dependência de uma ou outra obra relativamente a uma ou à outra) insistem sobre a questão de que Sócrates só se dirigiu a Alcibíades quando o considerou maduro, isto é, em situação de dar-se conta de que toda a sua inteligência, a sua nobreza, o desejo de glória e de poder, a sua incontestável capacidade de domínio, eram vaidade se não se conhecesse a si próprio. Alcibíades, sublinha Ésquines, convencido por Sócrates de que não possui aquele saber político que julga, mas que a sua ignorância não é mais que presunção, «viu-se obrigado a apoiar a sua cabeça nos joelhos de Sócrates e a chorar» (in Ael. Aristide, XLVI, vol. II, p. 369 Dind.), e depois foi-se embora desgostoso de si próprio. Sócrates, como já se disse, só revelou na queda de Alcibíades o que antes não tinha querido dizer-lhe, ou seja, que a queda política de um homem, de resto tão hábil, era devida ao facto de ele não possuir virtude moral e de não se ter a si próprio em nenhuma conta ([2]).

Quando eras mais jovem — faz Platão exclamar a Sócrates — e antes de estares cheio de tão grande ambição, deus, creio eu, impediu-me de falar-te, para que o não fizesse inutilmente, mas agora concedeu-mo porque já podes dar-me atenção [...] Vamos! Tem confiança em mim e na inscrição de Delfos que diz: «Conhece-te a ti mesmo» [γνῶι ταντόυ]. [Eis, Alcibíades, aquilo que te falta: a consciência crítica de ti próprio, a consciência das tuas possibilidades]. Se te faltarem tais dados, faltar-te-á também aquela fama entre os Gregos e entre os bárbaros, à qual, se não erro, tu aspiras como nenhum outro a nenhuma outra coisa jamais aspirou [...] Devemos procurar de comum acordo de que modo podemos tornar-nos óptimos; não digo que tu tenhas necessidade de educar-te e eu não: entre nós há apenas, afinal, uma única diferença [...] O meu protector é melhor e mais sábio que o teu, que Péricles [...] O meu protector, Alcibíades, é um deus [o demónio socrático], aquele deus que até hoje não me permitiu entrar em discussão contigo; e é a fé que tenho nele que me faz dizer que só através de mim deus se te revelará [...] Digo no entanto a verdade quando afirmo que todos temos necessidade de cuidados, e nós dois de modo particular [...] (124 a-d).

([2]) Cf. H. Dittmar, *Aischines von Sphettos,* Berlim 1912, pp. 120-1 e Humbert, *op. cit.,* pp. 223-4.

Mediante uma subtil argumentação Sócrates, demonstrando que Alcibíades nunca tomou de facto cuidado de si próprio, põe-no em embaraço, a ponto de ele dizer por fim:

Pelos deuses, Sócrates, não sei na verdade o que dizer e arrisco-me a ter vivido desde há muito de modo *vergonhosíssimo* sem me ter dado conta disso. *Sócrates:* — É preciso ter coragem! Se te tivesses dado conta deste teu mal há cinquenta anos ter-te-ia sido difícil dar-lhe remédio cuidando de ti próprio: agora, pelo contrário, estás mesmo naquela idade em que é preciso que uma pessoa repare nisso [...Deve melhorar-se a si próprio e não pode melhorar-se se não tiver a consciência crítica da sua arte — «podemos acaso conhecer que arte torna melhores os sapatos se não conhecemos os sapatos?» —, e não seria capaz disso a não ser conhecendo-se a si próprio, sem o que não pode manobrar correctamente os seus instrumentos, os dados oferecidos pela sua própria natureza]. Pois bem, poderíamos conhecer que arte nos torna melhores se ignoramos o que somos nós próprios? [...] Mas é fácil conhecermo-nos a nós próprios. E quem no templo de Delfos inscreveu tal sentença teria sido um homem de nada? Ou será, pelo contrário, uma difícil tarefa e não ao alcance de todos? [...] Fácil ou difícil, encontramo-nos sempre perante o mesmo problema: se conseguirmos conhecer-nos a nós próprios, podemos saber como cuidar-nos a nós próprios; se não, não [...] Vamos! Como poderemos descobrir em que é que de facto consiste sermos nós próprios? Porque só sabendo isto poderemos também conhecer o que é que nós próprios somos, caso contrário, se não o soubermos, é impossível conhecermo-nos a nós mesmos [...] O que é o homem? *Alcibíades:* — Não sei dizê-lo. *Sócrates:* — Sabes no entanto dizer que ele é aquele que se serve do seu corpo [...] E quem se serve do seu corpo, se não a alma? ... Conhecer a alma, pois, ordena-nos quem nos ordena: conhece-te a ti mesmo [...] E de que maneira poderemos conhecê-la de modo mais claro? [...] Repara também tu. Se [a inscrição de Delos] tivesse dito ao olho, como ao homem, para aconselhá-lo: olha para ti próprio, como e a que coisa julgarias que o exortasse? Não certamente a olhar para um espelho ou coisa semelhante [...] Ora, pois, não haverá algo de semelhante também em [outro] olho, em que possamos olhar? [...] Portanto, um olho se quiser ver-se a si próprio, é preciso que olhe para um olho, ou melhor, para aquela parte do olho que é precisamente a vista [...] Ora, também a alma, se quiser conhecer-se a si própria, não terá acaso necessidade de olhar para uma alma, e sobretudo para aquela parte dela em que reside a virtude da alma, a sabedoria? [...] E quem olhar para esta e conhecer tudo o que tem de divino, poderá sobretudo desse modo conhecer-se a si próprio (128 e-129 a-c, 133 b).

Quando através do escrito de Polícrates, no conflito entre a polícia conduzida em Atenas pela restaurada e conservadora 'democracia', e as posições político-filosóficas assumidas por Platão por um lado, e, por outro lado, por Antístenes, que podia parecer de facto o epílogo mais perigoso da corrosiva sofística, em particular no plano de uma lógica que tudo põe em discussão; quando, como revela o texto de Polícrates, a 'democracia' (aquela 'democracia'), renovando a acusação a Sócrates de ter sido mestre de quem tinha levado Atenas à ruína (os Alcibíades, os Crícias), punha sob acusação Platão, que, com a sua fundação de um Estado racional, aparecia como um revolucionário, e Antístenes que, com a sua dialéctica, as suas antilogias, com a sua insistência, contra Platão, na impossibilidade de qualquer passagem a uma ordem dialéctica do todo, excluindo toda a possibilidade de predicação e portanto de discurso, fechava o homem em si mesmo, numa 'autarquia' que excluía toda a possibilidade de vida política (e de não pouca importância é o texto que nos foi transmitido por Polícrates, que é testemunho de como, embora em posições opostas, se via sempre a influência de Sócrates, pelo que em cada um dos chamados socráticos se vinha sublinhando uma marca de Sócrates, um fruto que revelava a 'semente' de Sócrates); quando, pois, se reabriu o 'caso Sócrates', também Antístenes escreveu um *Alcibíades,* de que infelizmente nos chegaram apenas escassíssimos fragmentos. Alguns deles são, contudo, particularmente esclarecedores: reconhecem-se as pechas de Alcibíades, mas também os seus dotes naturais de notável homem político, só que ele não soube dominar-se a si próprio porque ἀπαίδευτος (cf. fr. 30 Decleva Caizzi), isto é, porque não tinha sabido 'formar-se' homem, porque 'in-educado', porque não tinha sabido conhecer-se a si próprio, porquanto, como sabemos através de Himério (in Decleva Caizzi, p. 97), não tinha sabido ouvir o ensinamento de Sócrates que tinha tentado exercer influência em Alcibíades restituindo-o a si próprio, sublinhando quanto é trabalhoso ser homem, captar aquela medida que liberta o homem do ser passivo, presa dos seus próprios dotes naturais, mas não controlados, governados, segundo aquele que será o ensinamento moral de Antístenes, diz Himério. O termo usado por Himério é πόνος *(fadiga),* e, na realidade, pelo que se conclui de outros fragmentos de Antístenes, a sua concepção moral, liberto o homem de todo o pressuposto metafísico, levava a considerar a vida ética como esforço e fadiga e como conquista de autónoma medida, de 'autarquia'. Este era, por certo, um modo de interpretar o apelo de Sócrates a 'sermos nós próprios', sem dúvida de maneira bastante diferente de como naqueles mesmos anos o 'conhece-te a ti mesmo' era desenvolvido por Platão.

E não só, pois também nos *Ditos Memoráveis* (I, 2) de Xenofonte, que para mostrar um aspecto do ensinamento moral de Sócrates provavelmente retoma de Platão, de Antístenes, de Ésquines de Esfeto, a questão de Alcibíades e de Crícias, numa defesa da acusação de Polícrates, encontramos duas frases muito elucidativas:

> Alcibíades e Crícias eram os mais ambiciosos de todos os Atenienses, desejosos de *levar a cabo sozinhos* qualquer empresa e de adquirir o maior renome entre todos. [Foram ter com Sócrates para aprender a arte de convencer, de saber discutir e não — sublinha Xenofontes — para viver segundo a 'sabedoria' e a 'temperança' socráticas.] Assim, Crícias e Alcibíades, enquanto permaneceram próximos de Sócrates, tendo-o como aliado, conseguiram dominar os prazeres não belos: uma vez separados dele [...] *esqueceram-se de si próprios* [...] E então o acusador atribui a culpa disso a Sócrates [...].

Embora Xenofonte dê uma interpretação diferente da de Platão e de Antístenes quanto ao modo como Sócrates encaminha para a vida moral (no fundo, através de Sócrates, da recordação de Sócrates, Xenofonte, traindo o que nele há de mais inquietante e problemático, apresentou um manual de elementos de moral para uso das pessoas de bem), permanecem claramente socráticos dois pontos: é mal querer *levar a cabo sozinhos* qualquer empresa (isto é, unilateralmente, não através do exame, do discorrer em conjunto, donde brota em cada circunstância aquilo que somos, as nossas possibilidades dentro dos nossos limites e condições em cada caso concreto), e que, precisamente, desrazoáveis, ou seja, dominados pelas suas ambições, passionais, e portanto perversos, voltaram a ser Alcibíades e Crícias logo que, tendo abandonado Sócrates, *se esqueceram de si próprios.*

8. *O 'saber' socrático. A virtude ciência do bem e do mal. A 'sofrosina'. O demónio e a função de Sócrates.*

Parece evidente agora o significado profundo da razão por que Sócrates se ocupava apenas com quem fosse 'fecundo', da sua interpretação do dito délfico («conhece-te a ti mesmo»), que se transforma no próprio discorrer em conjunto (o 'diálogo, que não está num narcisístico diálogo pelo diálogo) mediante o que precisamente nos conhecemos a nós mesmos reflectindo--nos nos outros, tornando-nos novos de cada vez, na consciência crítica daquilo que somos, e no conhecimento dos intrumentos mediante os quais pôr bem em acção aquilo que somos, sem nada pressupor à partida. Não basta que cada um saiba o seu ofício, embora tal saber seja indispensável, e a consciência disso é já um aspecto do viver do homem. Cada um de nós, enquanto homem, nunca é homem em abstracto (humanidade), mas é sempre um certo homem, numa certa época, numa certa condição cultural, social, 'histórica', que é aquilo que é, na medida em que nesta ou naquela época, nesta ou naquela situação e condição faz um determinado trabalho (o político, o advogado, o físico, o alfaiate, o sapateiro, o médico, e assim por diante, constituído também por um determinado contexto físico). Cada um de nós, por conseguinte, não será um bom médico, um bom advogado, um bom físico, um bom artífice, se não tiver um conjunto de conhecimentos, que no entanto terá de renovar em cada dia, e se não tiver também consciência das suas condições e das suas possibilidades físicas, conhecimentos sem os quais não poderia realizar bem, caso a caso, aquilo que é. Mas não basta isto: é preciso também, para que seja possível realizar bem, utilmente a própria pessoa (e ela não existe sem os outros, a não ser numa relação de vários, que constitui uma recíproca medida, que é respeito, um fazer-se em conjunto) e, consequentemente, ao mesmo tempo, também a utilidade (bem) dos outros, se de cada vez, em cada situação *não se souber também como é bom fazer bem* aquilo que fazemos. E isso só é possível se em cada caso, através do discorrer em conjunto, através do conhecimento dos dados, da situação, das possibilidades, conhecendo-nos exactamente a nós próprios, soubermos coordenar esses dados numa medida, numa razoabilidade pela qual sabemos inserir-nos bem, agir bem, constituindo uma boa relação humana, uma relação *correcta* (e tal relação correcta, segundo as situações, as condições, reformulando-se de novo em cada caso, pode ir naturalmente mudando em cada caso): cada um a seu modo, sempre de modo diferente, mas sabendo cada qual que *todos* (universalidade), encontrando-se na nossa particular situação, condição, teriam agido tal como de modo razoável nós agimos. Donde uma vez mais o significado da afirmação socrática de que ninguém faz o mal voluntariamente, de que o mal é ignorância porque consiste no não ter *sabido* agir, no não ter tido a capacidade *(virtude)* de instituir, caso a caso, uma justa relação; e, paradoxalmente, de que é preferível quem faz o mal conscientemente a quem faz o bem por hábito, conformando-se com um Bem, com uma Justiça já dados.

Esta última tese, exposta por Platão no *Hípias Menor*, propõe de maneira bastante precisa toda uma série de aporias e a problemática inserida na posição de Sócrates, em particular no conteúdo daquele 'saber', de que Sócrates se reclama. A paradoxalidade do *Hípias Menor* está no concluir que se é verdade que aquele que sabe é melhor do que quem não sabe (melhor, por exemplo, é um arqueiro que sabe atirar e acerta no alvo mas que por vezes, querendo, por uma sua qualquer razão, falha, ou o arqueiro que não sabe e que portanto acerta no alvo por acaso e se quiser nem sequer sabe errar?: 375 b), melhor é também quem peca querendo porque sabe pecar, em relação a quem actua bem por acaso, isto é, por hábito: e dado que quem age sabendo, voluntariamente, é bom, daí se conclui que aquele que *sabe* agir mal é bom.

> *Sócrates:* — E então, quem erra voluntariamente e de sua própria vontade se comporta vergonhosa e injustamente, um tal homem, dado que exista, só pode ser o homem bom. *Hípias:* — Mas, Sócrates, é impossível estar de acordo contigo sobre isto! *Sócrates:* — Nem sequer eu sei se o estou comigo próprio, Hípias: só que agora assim temos necessariamente de concluir *na linha do nosso raciocínio*. Aliás, como vos dizia há pouco, nestes temas eu oscilo para cima e para baixo (376 b-c).

Há aqui da parte de Platão indubitavelmente — como em grande parte dos outros diálogos — a demonstração de como funciona a dialéctica socrática perante o discurso longo dos sofistas: através de uma série de contradições chegar a avançar uma proposição que não podemos deixar de aceitar porque a isso chegamos *na linha do raciocínio*, e que, por sua vez, parece, pela sua paradoxalidade, não aceitável, pondo assim em *dúvida* o interlocutor (não por acaso, também aqui, um pouco atrás, Hípias exclamara: «Sócrates *subverte* sempre os discursos e parece quase fazê-lo por maldade»; e Sócrates: «Óptimo, Hípias, mas eu não o faço de propósito — segundo o teu juízo eu seria hábil e bom! —, mas involuntariamente...»: 373 b). Mas há aqui também algo mais. São postos em evidência dois pontos fundamentais. Em primeiro lugar, quem é pecador e sabe ter pecado, tendo chegado a isso através de um debate, é de preferir-se a quem não suscitou em si tal consciência, a quem se contenta e crê agir bem porque segue um certo costume, um certo código já dado, e não *sabe* renovar-se cada dia, antes justifica todas as suas acções (mesmo aquelas que na realidade são uma patifaria) à luz de uma justiça, de um bem já dados (no fundo, pelo menos noventa por cento de nós vive deste modo), sabendo, por isso, sempre aquilo que deve fazer. Na vida moral, pelo contrário, nascemos não quando sabemos, mas quando não sabemos, e se quando me encontro em conflito alguém me respondesse faz isto ou aquilo porque isto ou aquilo é o bem, teria muita razão para taxar de charlatão quem assim me respondesse; não é por acaso que Sócrates, mesmo no fim de um debate permanece suspenso: não sei — responde —, raciocinemos em conjunto, despojando-nos em primeiro lugar da nossa pretensa coerência com códigos dados, embora correndo o risco de parecermos incoerentes (só o tolo é homem de uma só peça) na coerência de pensar e de agir em cada caso, sendo nós próprios, nunca dominados por esta ou aquela corrente (conservadora, por exemplo, ou revolucionária, é o mesmo desde que aceite extrinsecamente ou psicologicamente ou porque opinião da maioria: em tal sentido ser conservador ou revolucionário é o mesmo, desde que aceite extrinsecamente ou psicologicamente ou porque opinião da maioria: em tal sentido ser conservador ou revolucionário é sempre acomodação, é passionalidade, é deixar-se apanhar, como Alcibíades, pela sua beleza, pela sua vanglória, pelos louvores do *demo,* não sabendo explorar os seus dotes naturais, como Ânito, pela conservação dos seus próprios interesses, das suas clientelas).

O outro ponto que se tira da paradoxal tese do *Hípias Menor,* e que está implícito em quanto já dissemos atrás, é que se é verdade que não existe o Bem e a Justiça em si, quais metros com que possamos medir as nossas acções, e que o bem e a justiça brotam de cada vez do próprio discorrer, através do qual *sabemos,* pode chegar-se, precisamente, ao paradoxo de que também o mal — enquanto fruto de *saber* — é bem. No paradoxo é posta em evidência por Platão a problemática do próprio Platão em relação ao socratismo, à aporia moral posta em evidência por Sócrates, e de cuja solução se esboça ou aquela que será a posição de Platão ou aquela que será a posição de Antístenes. A aporia do 'saber' socrático — como resulta do *Alcibíades II* e, em particular, do *Cármides* de Platão — consiste no facto de que, por um lado, tal *saber* não tem nenhum conteúdo, e é por isso um *saber nada;* e por outro lado, que o seu conteúdo o encontra, em cada caso, mediante o mesmo raciocinar, pelo que desaparece qualquer medida objectiva com base na qual se possa aferir o bem e o mal, e assim o conteúdo nunca pode fechar-se numa fórmula, donde o próprio mal — mal segundo certos códigos, mal em si — pode, ao constituir-se consciente de tal saber, ser bem. Só que a questão é colocada de maneira diferente. Sócrates, nisto de acordo com Zenão e com os sofistas, ou seja, em que o homem não pode sair fora de si, em que cientificamente não sabemos quais são as estruturas em si do real, pelo que nem sequer sabemos o que é o Bem e o Mal, sublinha que, no fim, o mal consiste em não ter sabido agir, em se ter permanecido àquem da acção e, por isso, em não se ter agido, em se ter permanecido passivo, ao passo que quem, através do debate, tem consciência de si, discorrendo, tendo presentes todos os dados, consegue inserir-se numa certa situação, modificando-a num sentido justo e por isso útil, actua bem, ou melhor, *faz bem*. É então claro que o sentido em que Sócrates podia dizer que a *virtude, a única virtude,* a que todas as outras se reduzem, é *ciência* (não em sentido teórico) *do bem e do mal,* pelo que o 'saber' não se fica por um saber de saber, ciência de si como ciência de ciência, mas exactamente consciência crítica do que é fazer bem ou mal, em cada caso, e em que consiste e se resume a temperança, a *sofrosina:*

> A temperança não é, pois, apenas ciência de ciência e ciência das ciências, mas principalmente ciência do bem e do mal (*Cármides,* 174 d).

A paradoxalidade da tese do *Hípias Menor* resolve-se assim na existência do mal em si. Se quem age conscientemente age bem, isto é, realizando-se a si e aos outros justamente, tendo êxito (é inútil lançar-se ao rio para salvar alguém se não *sei* nadar: faria um *belo* gesto mas não uma *boa* acção: melhor, conhecendo-me a mim mesmo, teria feito por fazer outra coisa, mesmo para salvar esse tal, sem heroísmos: sob este aspecto vê-se bem como, por exemplo, também a coragem se transforma no saber de saber, na ciência do bem e do mal, como, em certas alturas ser-se corajoso pode significar agir aparentemente como não corajoso), tendo-se despojado de todo o pressuposto moral (o que e o bem, o que é o justo, o que é o mal, o que é a coragem: e daqui a contínua pergunta de Sócrates, 'o que é?', τί ἐστι; mediante o que se põe em dúvida as definições dadas), em tal consciência nunca age mal, porque, na realidade, agiria contra si próprio.

Precisa-se assim melhor, exactamente na sua aporeticidade, o significado do 'saber' socrático. Como já dissemos, o homem é homem enquanto é relação e *societas,* enquanto se constitui em Cidade; não há homem a não ser em concreto, isto é, enquanto cada um de nós é alguma coisa (advogado, orador, médico, físico, artífice e assim por diante), pelo que cada qual deve saber fazer bem o seu ofício; só que isso não basta para que se realize bem a própria relação humana, que não se pode portanto fundar sobre qualquer sedução oratória, a partir de fora, no sentido sofista:

A posse das outras ciências, se não se possui também a ciência do bem, corre o risco de raramente ser útil, e mais, na maioria das vezes é um autêntico prejuízo [... Quem, pelo contrário, for perito numa ou outra ciência ou arte], mas possua também a ciência do bem — a qual, afinal, coincide com a do útil — [...], pois bem, um tal homem chamá-lo-emos sensato, capaz de aconselhar a Cidade e a si próprio. Que pensar, pois, de um Estado governado por bons atiradores de arco e por flautistas, por atletas e por outros técnicos semelhantes, misturados com outros peritos em outras ciências, ou seja, com pessoas que saibam fazer a guerra ou que saibam condenar à morte pelo que tais técnicas implicam enquanto tais, ou então com oradores cheios acima de tudo de presunção política, desde que todos estivessem absolutamente privados da ciência do bem, isto é, sem que nenhum deles soubesse quando é bem servir-se de cada uma dessas artes e em relação a que pessoas? [...] Seria um Estado em péssimas condições [...] E sobretudo, penso eu, se visses cada um deles, cheio de ambições, gastar a maior parte da sua actividade de governo a 'superar-se a si próprio', ou seja, a ser excelente na sua arte, mas errando quase sempre no que diz respeito ao verdadeiro bem do Estado e de si próprio, pois que sem inteligência confiam apenas na opinião. Sendo assim, não teríamos razão se disséssemos que um tal Estado vive em plena perturbação, em plena falta de leis? [...] É preciso, pois, que um Estado e uma pessoa que queiram viver rectamente se apliquem à ciência do Bem, exactamente como um doente se agarra ao médico, ou ao piloto quem quer navegar com segurança [...] Quem possuir aquilo a que se chama *polimathia* ou *politechnia,* se estiver privado desta ciência, e se deixar arrastar de cada vez por esta ou por aquela ciência, não virá, acaso, a encontrar-se à mercê de uma verdadeira tempestade de ventos contrários? [...] Daí se segue, portanto, que junto dos deuses e junto dos homens dotados de inteligência, sejam honradas sobretudo justiça e sabedoria, e sábios e justos não são senão aqueles que sabem o que se deve fazer e dizer, quer em relação aos deuses quer em relação aos homens (*Alcibíades II,* 144 d, 145 c, 145 e, 146 a-b, 146 e-147 a, 150 a-b).

É necessário, portanto, que o constituir-se bem do homem enquanto *societas,* pelo que cada um faz bem o que lhe compete, em relação aos outros já não seja este ou aquele saber que brota do próprio saber discorrer, pelo que a capacidade *(virtude)* de estabelecer de cada vez a ordem correcta, em si e ao mesmo tempo nos outros, no que consiste por isso a única virtude, a que todas as outras se reduzem, a sabedoria como medida *(sofrosina),* seja um saber que, brotando do próprio saber discorrer, não tem conteúdo, mas é saber de saber, ciência de ciência, ciência de si próprio («Com efeito — acrescenta Crícias — a temperança consiste em conhecer-se a si próprio, e nisto estou perfeitamente de acordo com quem pendurou aquela sentença à maneira de voto no templo de Delfos»: *Cármides,* 164 d). Por conseguinte, a sabedoria não tem, como as outras ciências, um objecto e conteúdo próprios. Só que, se a sabedoria é ciência que não tem qualquer conteúdo acaba por ser ciência de nada: esta a problemática do *Cármides.* Mas no mesmo *Cármides,* Platão faz defender a Sócrates que tal 'saber', embora vazio na sua formalidade (universalidade) não existe a não ser no seu próprio realizar-se, caso a caso, no como é que devemos ser advogados, físicos, médicos, artífices, nesta ou naquela situação da Cidade, desta ou daquela Cidade, no como é que em cada caso, se é corajoso, temperante, justo e assim por diante. O 'saber moral' encontra assim o seu conteúdo em si próprio, renovando-se sempre, tanto na consciência de si próprio como na consciência de como agir de tal modo que de cada vez o que fazemos seja útil, constituindo uma medida recíproca, pelo que, exactamente, não podemos dar uma vez por todas a definição do Bem ou do Mal, ou do Justo, nem, mesmo através de nós mesmos, descobrir afinal, e para sempre, num conhecimento teorético, o que seja o Bem, aquilo com que aferir o nosso agir. Se assim fosse, teríamos de transcender o homem, mesmo a partir de dentro, fixando modos ou formas eternas em si, para além do homem. Esta última será a via seguida por Platão, mas não foi essa, por certo, a posição de Sócrates como protréptica e encaminhadora, possa através da interpretação do 'conhece-te a ti mesmo' e do encontro, mediante o diálogo de si consigo próprio e com os outros, modos a partir dos quais se marca o nosso agir e o nosso ser, colocar esses modos como as razões de ser do todo, as condições da dialéctica do todo, pelo que tudo está onde é *Bem* que esteja. Não é por acaso que o motivo do 'conhece-te a ti mesmo' e do diálogo da alma consigo própria, se transforma em Platão no motivo do 'conhecer como recordar'.

E o certo é que, precisamente a partir da abertura da pesquisa, da não definibilidade do bem e do mal, que se realizam de cada vez, podia-se por outra via chegar ao motivo da 'autarquia' de Antístenes; não é por acaso que este, precisamente no plano socrático, irá desvalorizando todo o saber teorético, donde no plano lógico — mantendo-se na linha protagórico-socrática das antilogias — se derivava, prossecução do *não-saber* socrático e da dialéctica socrática, uma atitude nominalística, em nítido contraste com a solução platónica, no plano ético derivava a actuação de si numa ascese *(exercício)* mediante a qual libertar-se do ser-se passivo, das paixões, num esforço em ordem a libertar-se de todos e de tudo, numa indiferença absoluta relativamente aos chamados bens.

Pois bem, as duas possíveis e opostas interpretações de Platão e de Antístenes, deixam aberta a hipótese de que na realidade a posição de Sócrates se delineasse no sentido de que, no âmbito da dimensão humana, não há qualquer fundamento moral: mais ainda, o próprio núcleo da moralidade é aporeticidade, pelo que a solução está, através da consciência de si, em fazer bem — cada um a seu modo — aquilo que somos, tendo para isso todo um conjunto de conhecimentos específicos, e em saber, de cada vez, que é bem fazer bem aquilo que fazemos, numa razoabilidade que, em cada caso, conforme os dados e as situações, conhecendo as nossas possibilidades, transforma a relação humana — pelo que moralidade e política coincidem — de maneira que, em cada caso, seja justa. Uma *única* é, portanto, a *virtude,* essa capacidade de se realizar plenamente a si e aos outros, sabendo o que é bem e o que é mal: *uma virtude* à qual têm pois de reduzir-se todas as outras virtudes, sem a qual de resto não seriam virtudes (veja-se em tal sentido o *Laquete,* o *Lísias,* o *Protágoras*). E se a *única virtude é universal* (caro Ménon — faz dizer Platão a Sócrates —, não te pergunto o que seja a virtude da mulher ou a da criança ou velho ou do homem, mas pergunto-te qual é a condição pela qual todas são virtudes: «andava à procura de uma só virtude e, pelo contrário, encontro uma chusma delas»: *Ménon,* 71 c-72 c; onde é claro em que consiste o universal de Sócrates, que não é 'conceito', e sob este aspecto o significado da pergunta 'o que é?': τί ἐστι); a *única virtude* é a forma («ainda que muitas e de muitos tipos, em todas elas tem de haver uma só εἶδος, forma, pela qual são virtudes»: 72 c), que contudo é vazia, e indefinível por si, se não se realiza, de cada vez, por um lado no saber fazer bem o que cada um faz, por outro lado em fazer, de cada vez, de modo correcto o que fazemos em relação a nós próprios e, consequentemente, em relação aos outros; descendendo em cada caso às profundidades da sua consciência, mantendo-nos sempre despertos, sem nos deixarmos apanhar por fórmulas, por códigos, mas pondo sempre tudo em discussão, tendo sempre consciência daquilo que somos e do compromisso e da responsabilidade que cada um de nós — diferentes uns dos outros como somos — deve assumir nesta vida.

É este, vendo bem, o significado do *demónio* socrático: um convite a não 'acomodar-se' nunca, a nunca aceitar nada a não ser através do crivo crítico, em cada caso, segundo a razão, mediante o 'exame'; convite de Sócrates a si próprio e através de si aos outros, pelo que Sócrates, sempre atento a viver como homem, *demónio* para si, foi ao mesmo tempo *demónio* para os outros, aquele incómodo *demónio* que nos exige de cada vez que sejamos nós próprios, que vivamos conscientemente, não dominados pelos belos discursos, por esta ou aquela ideologia, por este ou aquele ofício, que convida cada qual a assumir as suas responsabilidades, a realizar bem o que cada um é, sempre dentro do contexto humano. O demónio de Sócrates não é nem a intuição, nem a inspiração, nem a interior voz romântica que diz o que devemos fazer; é mesmo o oposto disso: é um 'alto', um 'atenção', não um 'via livre'.

Há em mim algo de divino e demoníaco [...] e é como que uma voz que eu sinto cá dentro desde menino, a qual, cada vez que a sinto, me *dissuade do que estou para fazer, empurrar, nunca me empurra* (*Apologia*, 31 c-d).

Caro Hípias, és um homem feliz, *tu que sabes quais são as ocupações dignas de um homem e as praticas a rigor*, como afirmas. Eu, pelo contrário, vítima, ao que parece, de não sei que demoníaco destino, *oscilo* sempre numa perpétua dúvida e quando exponho as minhas dúvidas a vós, sábios, sou por vós coberto de insultos, mal acabei de fazer a minha confissão. Dizeis, com efeito, [...] que me ocupo de parvoíces, de inépcias, de coisas sem qualquer valor. E quando, persuadido por vós, digo convosco o que de melhor se pode fazer no saber elaborar um bem feito e belo discurso a apresentar em tribunal ou em outra qualquer assembleia, então sinto-me violentamente injuriado por outros meus concidadãos e, sobretudo, por aquele homem que está sempre pronto ali a refutar-me. Ele é, precisamente, *um meu parente próximo e mora comigo, e de cada vez que entro em casa* e me ouve dizer estas coisas, pergunta-me se não tenho vergonha de ter a ousadia de fazer dissertações sobre a beleza dos vários modos de viver, e logo eu que assim claramente dou prova de não saber em que é que consiste o belo [...] (*Hípias Maior,* 304 b-e).

E, ainda do *Hípias Maior,* Hípias, posto sempre em dificuldade por Sócrates em nome de um certo homem, que dialecticamente o põe na condição de dúvida, exclama:

Por Hércules, que tipo de homem, Sócrates! Não queres dizer-me quem é? *Sócrates:* — É inútil, mesmo que te dissesse o nome, de qualquer modo não o conheces. *Hípias:* — Mas, por isto, sei desde já que é um ignorante! *Sócrates:* — É sobretudo, Hípias, *um homem que não se acomoda!* (290 d-c).

O motivo do *demónio* liga-se estreitamente ao do 'conhece-te a ti mesmo', à 'maiêutica', ao 'exame', à pergunta 'o que é?', mediante a qual pôr em dúvida o que aparentemente julga saber; ou seja, o *demónio* liga-se ao aspecto protréptico negativo com que Platão apresenta a primeira face de Sócrates. Não é por acaso que tal 'sinal divino', que detém, mas «empurrar, nunca empurra», o encontramos particularmente nos diálogos em que Platão expõe a função 'protréptica' assumida por Sócrates em relação aos seus concidadãos. A tal propósito parece interessante, quer para entender o significado do Sócrates protréptico, quer para dar-se conta de como através de Sócrates, e para além de Sócrates, Platão foi interpretando a protréptica socrática dando-lhe uma finalidade, aludir à polémica contra Sócrates tal como ela se lê no *Clitofontes* (um esboço de diálogo), excessivamente descurado pela crítica. Não sabemos se o *Clitofontes* é de Platão; muitos têm dúvidas quanto a isso, até pelo nítido ataque à posição aporética de Sócrates, ao seu não responder, ao seu recusar-se a dar afinal uma qualquer definição; mas, sem dúvida, poderia muito bem ser de Platão, porque, embora de modo mais subtil, mais maleável, as mesmas acusações dirigidas a Sócrates vamos encontrar, por exemplo, no *Ménon,* no início do II livro da *República* — precisamente quando se trata de dar um fundamento à justiça, de captar as condições objectivas e universais da justiça para que seja possível ter a medida sobre que aferir a justiça no homem e no Estado —, no *Banquete.* O *Clitofontes* deve sem dúvida ter circulado e respondido a uma autêntica problemática suscitada pela aporeticidade da moral socrática, se até Xenofontes a ele alude claramente (*Ditos Memoráveis,*

I, 4, 1-2), embora não compreendendo as suas mais profundas razões ético-políticas. No *Clitofontes* está formulado em termos precisos — como aliás no *Ménon* e na *República* — o grande problema subentendido no *Cármides* e no *Alcibíades II*: a exigência de dar um conteúdo ao que parece ser o saber formal de Sócrates. Se bem é pôr em si medida na relação com os outros, se em mim mesmo não encontro uma medida que me transcende e tem valor por si, como vou saber que pus em mim medida, e que por isso o Estado é justo, se não se estabelece uma justiça, um bem em si? Está bem — objecta-se no *Clitofontes* a Sócrates —, percebi, convidas-me à virtude, mas não basta: o que é a virtude? Teremos de permanecer eternamente suspensos no debate, na procura, pôr sempre tudo em dúvida? Sócrates atormenta, irrita, incita à pesquisa e a ser-se virtuoso, mas qual é a verdadeira sabedoria, o que vem a ser justiça, medida em si?

> Em suma, Sócrates, eu direi que tu és preciosíssimo para quem não está ainda encaminhado, mas para quem já o está, és quase um obstáculo para alcançar a perfeição da virtude e para ser por isso feliz (*Clitofontes*, 410 d-e).

Evidentemente, aqui, o significado íntimo da procura socrática está deslocado e o indicador tende a dirigir-se do plano da pesquisa dentro dos limites humanos, para o plano da pesquisa, embora através do homem, dos valores em si. Mas a objecção de Platão é claríssima e revela, precisamente porque posta na boca de um sofista de segundo plano como Clitofontes (não se esqueça que análoga objecção é posta no *Ménon* na boca de Ménon, sofista, discípulo de Górgias), a preocupação de Platão de como a procura socrática possa ser entendida pela maioria das pessoas: o perigo é que a pesquisa de Sócrates não tendo já um seu conteúdo, mas encontrando-o, de cada vez, na própria pesquisa, leve, por outro caminho, ao subjectivismo sofista e à impossibilidade de uma objectiva ordem política que tenha como seu fundamento um critério cuja medida não seja o homem, mas uma ordem supra-humana, critério de obrigatoriedade, sem o qual o significado de Sócrates se reduz, segundo Platão, a uma pura protréptica, a uma tarefa puramente purificadora (não por acaso, muito mais tarde, Platão defenderá no *Sofista* que a posição de Sócrates faz parte de um aspecto da sofística, embora seja esta a 'nobre sofística', preparatória enquanto livre das obstinadas e grandes ilusões). O apelo de Sócrates revela-se a Platão, política e educativamente fundamental e ele reconhece o enorme valor da atitude socrática, da missão educativa e libertadora de Sócrates, sobretudo no plano histórico. Só que aquele seu apelo a uma procura cada vez mais aberta deu lugar, por um lado, a interpretações opostas quanto a qual seria, segundo Platão, o objectivo de Sócrates (Antístenes, Euclides, Aristipo), por outro lado, a um subjectivismo e cepticismo extremos.

A partir daqui, pelo menos sob um primeiro aspecto, veio a delinear-se o Sócrates de Platão; mas daqui, também, não contraditoriamente, em outros pensadores de outra origem cultural e tendo outras experiências e exigências políticas, os Sócrates de Antístenes e de Euclides e, mais tarde, numa posição de rigidez moralístico-ascética, particularmente contra certas conclusões a que, através de Sócrates, chegava Aristipo, o Sócrates de Xenofonte, que, precisamente, em polémica com o chamado 'hedonismo' de Aristipo se liga, por certos motivos, ao rigorismo moral de Antístenes, construindo, embora em bases socráticas — o viver segundo a razão, isto é, não apanhados, não passivos, mas sempre activos —, um Sócrates que «ensinava aos seus familiares a prática da abstinência no desejo de comer e de beber e no apetite dos prazeres venéreos e do sono e a exercitar a resistência ao frio, ao calor e ao cansaço» (*Ditos Memoráveis,* II, 1). Em Xenofonte perdeu-se indubitavelmente a carga de Sócrates, o significado da *medida* e da *sageza,* que é uma conquista e um 'saber' que se renovam de cada vez, num concreto pôr em acto da vida na sua plenitude, pelo que o próprio apelo socrático não podia transformar-se nem numa prédica, nem numa aborrecida moral de '*fioretti*'. E isto (embora numa interpretação muito sua, independentemente da doutrinação mais tardia que veio a florescer com base numa atitude de vida de Aristipo) é o que podemos entrever no 'instante' de Aristipo', naquele seu sustentar que a vida se resolve inteiramente, de cada vez, no acto presente em que a vivemos, não num desprezo das paixões, mas no solucioná-las em cada momento com medida, razoavelmente. E nisto, por certo, Aristipo pode dizer-se socrático, ainda que, por outro lado, a sua atitude de grande senhor, de contínuo e consciente afastamento, aquele seu entender a moralidade como arte do viver, aquele seu poder viver com todos e com ninguém, o levem a já não compreender o outro aspecto da *única virtude* de Sócrates, isto é, que ela é *virtude política,* pelo que vida moral e política coincidem naquele *saber* que é, caso a caso, saber ser cidadão e sem o que não se é homem.

Voltando pois, uma vez mais, ao significado daquilo a que chamávamos a 'pesquisa aberta' de Sócrates, que encontra no seu constituir-se os seus próprios conteúdos, pelo que, de cada vez, é tudo posto novamente em discussão, ao sabor dos dados e das situações, é claro porque é que Sócrates não podia e não queria dar qualquer definição, em sentido conceptual — a não ser uma, a de *sofrosina,* que se transforma na única forma, condição para que sejam possíveis as virtudes, naquele elogio da razão que vimos, e que bem resulta do *Cármides* de Platão. E assim parece claro porque é que Platão apresenta o *demónio* de Sócrates como a manifestação sempre presente desta consciência crítica, o *envergonhar-se* de si, o apelo a estar sempre atento a si próprio (*demónio* que, em relação aos outros, a quem vive passivamente, passionalmente, a quem vive à custa dos outros, torna-se o próprio Sócrates que *irrita,* que faz *corar de vergonha,* que faz ir pelos ares o nosso aquietar-se ao viver quotidiano) e, por outro lado, como o *demónio* patenteia, embora simbolicamente, na interpretação de Platão, a mais profunda religiosidade de Sócrates. E tal religiosidade consistiria precisamente no pôr de lado toda a pretensa capacidade humana de conhecer o Ser ou os deuses, e, posto isto, dentro do âmbito da dimensão humana, na consciência crítica de si, própria do homem que não vive apenas dominado pelas suas sensações e paixões, animalescamente, mas que toma conta de si próprio, de modo razoável (e esta mesma consciência, não redutível a outra coisa, exactamente porque inexplicável, é já um 'sinal' divino), ao dar-se conta de que cada qual deve fazer bem o que lhe compete, permanecendo corajosamente no seu posto. E isto não em abstracto, mas caso a caso, cada um no seu ser concreto, neste ambiente, nesta Cidade, dentro dos limites desta ou daquela cultura. Evidentemente, sob outro aspecto, é fácil compreender como é que exactamente o *demónio,* entendido desse modo, possa ser para os conservadores, para quem tenha permanecido fechado no velho *ethos* pátrio, na velha religiosidade cultural, o sinal da impiedade de Sócrates, o sinal da subversão por parte de Sócrates dos velhos valores, e por isso, o sinal de um Sócrates corruptor, de um Sócrates politicamente perigosíssimo, a associar aos sofistas pelo seu colocar-se no plano humano. Não será por acaso que Platão, no fim do *Ménon,* fará dizer exactamente a Ânito, o democrático que subscreveu a acusação contra Sócrates:

> Por Hércules, Sócrates, está atento à maneira como falas! Nenhum dos meus parentes, dos meus familiares, dos meus amigos, nenhum cidadão, nenhum estrangeiro seja surpreendido por essa loucura, pela loucura

de andar a deixar-se corromper por semelhantes pessoas — os sofistas —: corrupção e ruína é o que espera quem os frequenta! [...Mais ainda, é perigosíssimo quem ensina fora do costume pátrio, e não adianta mandar um jovem aprender como é que se vive junto de qualquer pessoa isolada.] E que necessidade há de ouvir o nome de um homem isoladamente? Um qualquer ateniense, *homem de bem,* com quem se encontre, torná-lo-á por certo melhor que qualquer sofista, desde que queira ter confiança nele [...] (90 c, 92 e);

a menos que o *demónio* seja interpretado, ao invés, como fará Xenofonte, como autêntica inspiração divina, a voz mediante a qual a divindade diz, ordena o que deve fazer-se e o que não deve fazer-se, até coincidir com a adivinhação («Sócrates sacrificava muitas vezes em casa, com frequência nos altares comuns da Cidade, e era conhecido de todos: usava também a adivinhação e não fazia segredo disso; era comummente conhecido um seu dito de que o 'demónio' lhe dava sugestões: aqui sobretudo me parece residir o motivo por que o acusaram de introduzir novas divindades [...]; enquanto a maioria afirma que é *retida* ou *empurrada* a agir pelas aves e pelas pessoas encontradas, Sócrates, pelo contrário, como cria, assim dizia e afirmava que era o 'demónio' quem lho indicava»: *Ditos Memoráveis,* I, 1, 2-3; onde se vê bem que esta é a interpretação de Xenofonte, quer por aquele *parece,* quer por ter usado a despropósito a expressão o *demónio que retém,* que provavelmente era, de facto, expressão socrática, ou pelo menos, retomada da *Apologia* de Platão). Por outro lado, em contrapartida, compreende-se também como é que aquele 'demónio', personificado em Sócrates, se torna o sinal da má consciência para os Alcibíades, para os próprios sequazes dos sofistas, que, não sendo sofistas, procuram conduzir, através da retórica, uma política pessoal.

O *demónio* está estreitamente ligado, por conseguinte, ao motivo do 'saber de não saber', ao do 'exame', da 'dúvida' e, ao mesmo tempo, ao da exigência de 'saber discorrer'; mas está também ligado, de modo particular, ao motivo de que cada um, consciente de si próprio, dos seus limites e por isso das suas possibilidades, deve fazer o que lhe compete. Sob este aspecto, quanto a ele, Sócrates, o seu *demónio* obriga-o a *envergonhar-se* de fazer o que não lhe compete. «E é uma voz que eu sinto cá dentro desde criança» (*Apologia,* 31 d): donde, precisamente, os seus interesses desde muito jovem (recordem-se as frases iniciais do *Parménides*) por cada uma das competências, por cada uma das ciências, pela cultura que circulava em Atenas (da lógica-dialéctica à física, à medicina, de posições religiosas órfico-

-pitagóricas à sofística como estudo das relações humanas baseadas na palavra), através das quais Sócrates veio a dar-se criticamente conta, por um lado, da delimitação de cada campo, que não esgota todo o saber, e por outro lado, que a sua competência é diferente da do físico, do médico, do teólogo, do técnico: o seu 'lugar' (o lugar que lhe foi confiado por deus), a que ele chegou depois de longa reflexão, voluntariamente («onde uma pessoa se põe por si»: *Apologia,* 28 d), é no meio dos seus concidadãos, em Atenas, e a sua função, a sua 'parte', no tecido da comédia humana (e a comédia iria pelos ares se cada um não soubesse bem a sua parte), é, por um lado, a de lembrar aos outros que sejam eles próprios, conscientes do seu ofício (do físico ao técnico, do orador ao político) e, por outro lado, fazer com que os outros, dando-se conta de si e daquilo que na verdade são e podem fazer, vivam como homens, ou seja, como cidadãos, numa medida que, de cada vez, constitui justamente a Cidade, pelo que a própria vida política está no saber viver, naquele saber que é bem fazer bem o que em cada caso nos compete. E aqui fecha-se o círculo: embora idealmente, o oráculo de Delfos, indicativo de um momento histórico de Sócrates, liga-se simbolicamente ao *demónio,* apontando a definitiva e precisa tomada de posição de Sócrates num preciso momento da história de Atenas, o segundo período da guerra do Peloponeso. E se a exigência de Sócrates tem valor para todos os homens, em todos os tempos, o seu significado histórico só tem um sentido dentro do âmbito daquele tempo, naquela Atenas daquele período. Este, ao que parece, o sentido, indubitavelmente socrático, que Platão dá às palavras de Sócrates dirigidas aos seus juízes e aos seus concidadãos, na *Apologia:*

> Dirá talvez alguém: não te envergonhas, Sócrates, de te teres dedicado a uma tal ocupação pela qual, agora, corres o risco de morrer? A esse, justamente, poderia eu responder assim: amigo, tu não dizes bem, se consideras que uma pessoa, da qual poderia derivar uma ainda que pequena utilidade, deve calcular os riscos de vida ou de morte, e não considerar apenas se faz uma coisa justa ou injusta, se efectua uma tarefa de homem bom ou malvado [...] Cidadãos de Atenas, esta é a verdade: *no sítio onde alguém se pôs a si próprio, julgando ser esse o seu melhor lugar,* ou onde foi colocado por quem detém o comando, é aí, penso eu, que deve permanecer e enfrentar os perigos, sem nada calcular, sem pensar na morte ou noutra coisa, *mas apenas na vergonha.* Eu, portanto, cidadãos de Atenas, teria na verdade tido uma conduta indigna se, enquanto que permaneci no meu lugar como todos os outros e corri o risco de morrer, quando os capitães que vós ele-

gestes para mandar em mim me destinaram o lugar em Potideia, Anfípolis e Délio, ordenando-me que lá permanecesse, se aqui, pelo contrário, ordenando-me deus, como creio ter percebido e interpretado, que devia viver filosofando e *examinando-me a mim e aos outros,* se aqui, por medo da morte ou de qualquer outro perigo, eu abandonasse a minha posição. Essa sim seria uma conduta indigna e na verdade haveria nesse caso razão para levar-me a tribunal pelo facto de eu não acreditar nos deuses, porque desobedeço ao oráculo, temo a morte e considero-me sábio sem sê-lo. Sim, cidadãos, temer a morte não é mais que parecer sábio sem sê-lo, porque é parecer saber aquilo que não se sabe. Com efeito, ninguém sabe se por acaso a morte não será o melhor de todos os bens que possam acontecer ao homem, e no entanto todos a temem como se se soubesse que ela é o maior dos males. Não será isto ignorância, a mais vergonhosa ignorância, julgar saber aquilo que não se sabe? E eu, cidadãos, é exactamente nisto, talvez, que sou diferente da maioria dos homens; e se há alguma coisa pela qual eu ousasse dizer que sou mais sábio que qualquer outro, é exactamente isto, que como não sei nada de exacto das coisas do Hades, assim nem sequer creio saber disso; mas cometer injustiças, desobedecer a alguém melhor, deus ou homem, que isso é um mal, uma coisa torpe, isso eu sei! Mas ao contrário dos males que sei serem males, no que se refere àqueles que não sei se eventualmente não serão bens, quanto a esses jamais terei medo ou deles fugirei. Assim, mesmo que agora me liberteis, não prestando fé a Ânito — o qual disse que ou não era preciso que desde o princípio eu comparecesse em tribunal, ou, uma vez comparecido, era impossível não condenar-me à morte, defendendo que se eu conseguisse escapar à condenação, seguindo os vossos filhos os ensinamentos de Sócrates, todos eles ficariam irremediavelmente corrompidos —, se a estas suas palavras me dissésseis: Sócrates, nós não damos crédito às declarações de Ânito e deixamos-te ir em liberdade, mas com uma condição, que tu não passes mais o teu tempo nessas pesquisas, que deixes de dedicar-te a filosofar, caso contrário, se te apanharmos mais uma vez a fazer isso, morrerás; se, repito, me libertásseis nessas condições, eu dir-vos-ia: cidadãos de Atenas, amo-vos e saúdo-vos, mas obedecerei antes a deus que a vós e, enquanto tiver forças, *não deixarei de filosofar e de dar conselhos e advertências a vós e a quem encontrar,* dizendo-lhe como costumo: ó tu, que és óptimo entre os homens, *tu que és Ateniense, cidadão da maior cidade, da mais gloriosa pela sabedoria e poder,* não te *envergonhas* de te preocupares com as tuas riquezas para que se tornem o mais possível maiores, e com a fama e com as honras, *ao passo que nem cuidas nem te preocupas com a inteligência, com a verdade e com a alma para que se torne, dentro do possível, óptima?* E se algum de vós disser que não é verdade, que se preocupa com isso, não o deixarei logo, *não irei embora, mas interrogá-lo-ei, examiná-lo-ei, refutá-lo-ei;* e se me parecer que ele não possui a virtude, embora dizendo que sim, *humilhá-lo-ei* demonstrando-lhe que tem por vil o que é valioso acima de tudo, e dá valor àquilo que é vil acima de tudo. E *isto a jovens e a velhos*, isto farei a quem me ocorrer, a *forasteiros e a cidadãos*, e *mais a vós cidadãos, porque por nascimento me estais mais próximos*. Porque isto, sabei-lo, me ordena deus e creio *não haver para vós maior bem na cidade* que esta missão que me foi confiada por deus. Nem eu faço outra coisa com este meu andar à volta senão persuadir-vos, jovens e velhos, de que não deveis preocupar-vos nem com os corpos nem com as riquezas, nem antes nem depois da alma, de modo que ela se torne, tanto quanto possível, óptima, defendendo que virtude não nasce da riqueza mas que da virtude nasce riqueza e todos os outros bens para o homem, *para cada cidadão e para o Estudo*. E se dizendo isto corrompo os jovens significa que as minhas palavras são ruinosas; mas se alguém afirma que não é isto que eu ensino, mas outra coisa, diz algo de inconsistente. Por todas estas razões desejaria dizer: Atenienses, quer presteis confiança a Ânito, quer não, quer me absolvais, quer não, eu nunca agirei de outro modo, nem que tivesse de morrer mil e uma vezes [...] Sabei pois que se me condenardes à morte a mim que sou exactamente como digo que sou, *não é a mim que infligireis maior dano, mas a vós próprios* [...] Na realidade se me matardes, não vos será fácil encontrar [...] *um outro como eu, colocado por deus em cima da Cidade como em cima de um cavalo grande e de boa raça, mas pela sua própria grandeza um pouco lento e que tem necessidade de ser estimulado com esporas:* assim me parece ter-me deus colocado *em cima da Cidade*, a mim que *estimulando, persuadindo, repreendendo dia a dia, estou* sempre ao vosso lado. Sim, cidadãos, eu defendo que um outro como eu não vos nascerá facilmente, e se, portanto, me quiserdes dar ouvidos, poupar-me-eis. Mas talvez vós, *tomados de súbito desdém como sonolentos acordados de repente, dando pontapés*, prestando fé a Ânito, *me condeneis facilmente à morte e passareis o resto da vida a dormir*, a menos que deus envie um outro qualquer, que a vós se dedique. E que exactamente eu seja essa pessoa que foi oferecida como dom por deus à Cidade, podeis concluí-lo também daqui: não parece na verdade ser coisa humana que eu tenha descurado as minhas coisas e, já desde há tantos anos, a minha casa, para me ocupar sempre dos vossos interesses, *estando continuamente ao vosso lado, um a um, como pai ou irmão mais velho, com o fim de persuadir-vos a cuidardes da virtude* (*Apologia*, 28 b-31 b).

É inútil insistir agora no significado da *virtude* como ela parece ter sido entendida por Sócrates; interessante é, pelo contrário, sublinhar desde já, como se vê magistralmente em Platão — mas também nos outros socráticos —, que Sócrates, empenhado em 'despertar' os seus concidadãos, não faz apelo nem a uma edificante virtude nem incita a ela mediante discursos retóricos; pelo contrário, conforme as pessoas com quem fala (nunca a uma massa), usa uma ou outra maneira de falar, do discurso encantatório em sentido médico-terapêutico — orientado sempre a despojar o outro das suas 'obstinadas ilusões' —, ao discurso mediante o qual demonstra a ignorância de outrem, através de uma rigorosa dialéctica, dirigindo-se em particular aos homens políticos, muito hábeis na retórica, ou àqueles jovens que pela sua posição tinham intenção de fazer política. Os seus discursos, por isso, tinham de mudar de cada vez assim como os seus conteúdos conforme as pessoas com quem entrava em discussão. Daqui o anedotário de um Sócrates que discute afavelmente, mediante exemplos, com o artífice ou a mulher, com o rapsodo e com a hetera, procurando sempre levar cada um a ter consciência do que cada um é, e a usar sempre os seus instrumentos. Mesmo que inventado por Xenofonte, é de notável interesse o colóquio entre Sócrates e a hetera Teodota; mesmo a Teodota Sócrates demonstra que ela não conhece as verdadeiras artes da sedução, mas que com a ajuda de Sócrates ela pode vir a apreendê-las (cf. *Ditos Memoráveis,* III, 11). E assim, ainda mais interessante é no *Aspásia* de Ésquines de Esfeto a narração posta na boca de Sócrates de um colóquio havido entre Aspásia e dois jovens esposos, cujo casamento estava em perigo, e que Aspásia consegue pôr de novo de pé, fazendo ver que a relação homem-mulher é uma relação humana que enquanto tal permanece viva desde que se renove cada dia, sem que nenhum se cristalize em si mesmo (cf. pp. 41-50 Krauss). São historietas, decerto inventadas, mas que, como em todas as biografias da antiguidade, reflectem simbolicamente, conforme o autor, aspectos históricos da personagem. Basta recordar que todos, por exemplo, falam das relações entre Péricles-Aspásia e Sócrates, e que cada qual tirou, embora num pano de fundo comum, consequências bastante diferentes: assim, a relação Aspásia-Péricles tem em Platão *(Menéxeno)* uma consequência política dando lugar a uma discussão sobre a função da retórica e sobre a sua aplicação, ao passo que o *Aspásia* de Ésquines de Esfeto põe em relevo a relação humana jovem-mulher, e o *Aspásia* de Antístenes (fr. 34-5 Decleva Caizzi), resolvendo a relação homem-mulher fora do sexo, leva a uma posição misógina, donde nascerão também as histórias sobre o terrível carácter de Xantipa; não é por acaso que Xenofonte fará dizer a Antístenes: «Sócrates, se pensas assim, porque é que não instruis Xantipa, mas continuas com uma mulher que é a mais aborrecida, creio eu, de quantas já existiram, existem e existirão?» (*Banquete,* 10). Em todo o caso, de cada anedota sobre a vida de Sócrates e as suas relações com os outros, incluindo os seus familiares, ressalta sempre um Sócrates atento a si, nunca retórico, não como alguém que desce ao povoado para fazer o bem, mas um homem entre os homens que sabe ouvir e discutir, com razoabilidade, tentando harmonizar as muitas razões numa nova razão que, de cada vez, constitua para cada um o seu justo fim. Exactamente isto, aliás, implica a impossibilidade de definir uma vez por todas o que na verdade Sócrates dizia, porque, precisamente, de cada vez ele era 'novo' e se fazia novo, embora permanecesse único o seu objectivo. E tal multiplicidade de Sócrates, em Sócrates, embora no seu apelo único, tal pluralidade de atitudes e em cada caso de conclusões, deu lugar às possíveis muitas interpretações dele, Sócrates, e também às muitas historietas, aos muitos *lògoi socráticos,* que, interpretados e recortados unilateralmente, se tornam *tòpoi, kerigmi* (sentenças), ou anedotas sobre a sua vida que nas conclusões, isoladas pela complexidade da pluralidade de Sócrates, apresentam-se como contraditórias entre si a ponto de não permitirem precisar com maior exactidão alguns momentos da própria vida do homem Sócrates (da questão, por exemplo, das mulheres de Sócrates — Xantipa e Mirto —, às suas relações com Xantipa e assim por diante: cf. adiante, *Cronologia da vida*).

9. *A virtude como ciência e a política.*

As ciências, como por um lado ensinava a medicina hipocrática e por outro lado a física de Anaxágoras (para uma significativa aproximação do método de Anaxágoras com o de Hipócrates, cf. Platão, *Fedro,* 269 e-270 c), são-no na medida em que se saiba coordenar os dados da experiência de modo que cada dado se coloque no sítio devido num único quadro (εἶδος) que não violente os próprios dados, mas, em cada caso, independentemente de supremas razões, determine as suas ligações de modo a apresentar razão (saber, ciência) de um certo conjunto de fenómenos. A moralidade não é ciência como as outras ciências, mas implica como as outras um conjunto de dados físicos, experimentais, culturais, de que se toma consciência e para cada conjunto de dados e de experiências — que, no plano moral, constitui o que cada um é — um conjunto de conhecimentos, e, ao mesmo tempo, conforme os dados e o conjunto das experiências, a capacidade *(virtude)* de *saber* coordenar, de cada vez, aqueles dados, aqueles conjuntos da melhor maneira, de modo a saber (ciência), em cada caso, como é bem agir. Aliás, como vimos, o homem é homem enquanto conjunto de afectos, enquanto cada um é mais que um e os outros são também nós, tal como nós somos também os outros; a virtude então, enquanto ciência (que se revela de cada vez, através do diálogo, de modo a saber como é que cada dado, cada afecto, a nossa própria pluralidade tem de coordenar-se em unidade, de modo que cada um esteja onde é bem que esteja, num correcto jogo de lugares) é, simultaneamente, exactamente porque moralidade, em cada caso, um sábio (razoável) constituir-se da relação humana correcta, é politicidade. Sob este aspecto é claro porque é que Platão, interessado em dar uma fundamentação científica à moral e por isso à política, confrontado com um certo tipo de política conduzida em Atenas depois de 399, na sua reconstrução daquela que foi a função histórica de Sócrates durante a guerra do Peloponeso, põe em relevo o apelo, da parte de Sócrates, à política como moralidade e ciência, em contraste com o modo empírico e extrínseco como se pretendia constituir a relação humana da parte dos herdeiros do método sofista. Aí essa mesma relação era instituída de cada vez, de facto, conforme os dados e as circunstâncias, as condições de uma ou de outra cidade, mas por via retórica; num saber realmente as técnicas mediante as quais convencer e persuadir, mas, precisamente, a partir de fora, numa negação, afinal, do discorrer em conjunto, isto é, do *saber* como cada um deve realizar-se a si próprio numa correcta relação com os outros. Aqui não se trata de facto de persuadir uma massa, num tribunal, numa assembleia, num comício, para fins já dados (sejam eles de uma cidade ou de um indivíduo), mas persuadir, dialecticamente, pessoa por pessoa, cada um de certo modo a ser responsável de si próprio e, por isso, dos outros.

Mas há algo — faz dizer Platão a Sócrates, no *Górgias* — que se chama *saber científico?* [...] E ainda, há algo que se chama *crer?* [...] E saber científico e crer, ciência e crença, são uma e a mesma coisa ou coisas diferentes? [...] Diferentes [...] — E se alguém perguntasse: 'pode haver crença falsa e crença verdadeira?', deveríamos responder que sim [...] E pode haver uma ciência falsa e uma ciência verdadeira? [...] Não, absolutamente! [...] — É claro, portanto, que crença e ciência não são a mesma coisa [...] E em todo o caso tanto os que sabem, como os que crêem, estão persuadidos [...] Duas são então as espécies de persuasão, uma devida à crença não acompanhada de saber, a outra fruto de ciência [...] Mas qual das duas espécies de persuasão é a devida à retórica nos tribunais e nas outras reuniões públicas em relação ao justo e ao injusto? A persuasão que provém do crer não acompanhado de saber, ou a outra espécie de persuasão, a devida ao saber? [...]

Evidentemente aquela de que se gera a crença [...] — A retórica, portanto e ao que parece, é, quanto ao justo e ao injusto, fazedora de persuasão fundada no crer e não de persuasão fundada no ensinamento (454 c-455 a).

Torna-se assim mais clara a diferença entre a intenção e o método socráticos, e a intenção e o método sofistas. E não só isso, mas parece precisar-se também a razão pela qual Platão, ao lado do empenhamento de Sócrates em relação a um qualquer cidadão, põe em particular destaque as suas relações com os políticos do tempo, com os discípulos dos sofistas, com os jovens que, mediante a aprendizagem das técnicas retóricas — neutras em si —, julgavam poder colocar-se à frente do *demo,* guiar homens (cf., por exemplo, Platão, *Menéxeno,* 234 a). Não há, pois, que admirar-se, como depois aconteceu — pelo contrário, do oposto é que deveríamos espantar-nos —, de que Sócrates, como resulta de todas as fontes, profundamente inserido no seu ambiente, naquela determinada Atenas, numa situação histórica precisa, se tenha relacionado particularmente com personagens da aristocracia ou com os filhos da classe rica de Atenas, porque eram precisamente aqueles que, dentro dos limites da 'democracia' ateniense, eram os homens que podiam dirigir os destinos da cidade, fosse qual fosse depois o lugar assumido pelos oligárquicos ou pelos 'democráticos'. Que depois tais relações de Sócrates com Péricles ou Aspásia, com os Alcibíades e os Crícias, os Cálias e os Cármides, e assim por diante, tenham dado lugar, conforme os partidos, a acusações de conluios e a contra-acusações, quer por ocasião da derrota de Atenas, quer depois, isso é uma outra questão. Mas não é uma outra questão que Platão ponha especialmente em evidência que são estes que Sócrates, usando a *dialéctica,* põe na dúvida, faz corar, envergonhar-se de si próprios. Ele mostra na realidade que eles não sabem nada de política porque, não sabendo discorrer, não se conhecem a si próprios e, portanto, não são *virtuosos,* morais. A própria política, por conseguinte, será tal na medida em que se transforme na única virtude, no saber o bem e o mal, tal como todas as outras virtudes (a piedade, a coragem, a amizade e assim por diante); todos nós, por isso, sob este aspecto, em cada caso, neste saber inserir-se bem, cada um naquilo que lhe compete, no jogo das divisões que é cada um de nós (nós próprios e os outros em conjunto), somos, enquanto homens (não imagens desarticuladas, palavras, impressões, razões em liberdade, universos fechados em si), políticos. A tal propósito assumem mesmo particular significado alguns textos de Platão onde por um lado se faz dizer por várias vezes a Sócrates que ele não foi um político (se por política se entende aquela conduta dos políticos do tempo) e, por outro lado, que o único político que viveu em Atenas foi precisamente ele, Sócrates.

Talvez possa parecer estranho — faz Platão dizer a Sócrates na *Apologia* — que eu dê tantas voltas e me preocupe tanto em dar conselhos a este ou àquele em privado, e depois quando se trata de dar conselhos em público à cidade e de subir à tribuna para falar ao povo, então me falte a coragem. E a razão disto já ma ouvistes dizer várias vezes e em vários lugares, que há dentro de mim não sei que espírito divino e demoníaco: precisamente aquele do qual também Mélito escreveu, gracejando, no acto de acusação. E é como que uma voz que eu tenho em mim desde criança; a qual, todas as vezes que se me faz ouvir, me dissuade sempre do que eu esteja para fazer, e nunca me persuade a fazer seja o que for. É esta voz que proibe de ocupar-me de coisas da Cidade: e parece-me que faz muitíssimo bem em proibir-mo. Vós sabei-lo bem, Atenienses: que se por um pouco eu me tivesse posto a ocupar-me dos assuntos da Cidade, dentro de pouco também estaria morto e não teria feito nenhuma coisa útil, nem a vós nem a mim [...] Não há homem que possa salvar-se quando se oponha sinceramente não digo a vós mas a qualquer outra multidão, e procure impedir que demasiadas vezes na cidade se cometam injustiças e se transgridam as leis; e é mesmo necessário que quem combate verdadeiramente em defesa do justo, se quiser escapar da morte ainda que por breve tempo, viva como pessoa privada e não exerça cargos públicos [...] Ouvi, pois, o que me aconteceu a mim [...] Vós sabeis que eu nunca exerci na nossa cidade qualquer outra magistratura a não ser uma vez em que fiz parte do Conselho [em 406]; e deu-se a coincidência de que exactamente no dia em que queríeis julgar em bloco, contra a lei — e em seguida todos fostes da minha opinião — aqueles dez capitães que não tinham recolhido os náufragos e os mortos depois da batalha das Arginusas, exercessem o cargo de Prítanes os meus concidadãos da tribo Antióquide. Então eu fui o único dentre os Prítanes a opôr-me para que nada se fizesse contra a lei; e votei contra. E estavam já os oradores do costume [os políticos] prontos para suspender-me do cargo e mandar-me para a prisão; e vós a incitá-los e a gritar: e eu pensei que era meu dever correr aquele risco mantendo-me do lado do direito e da justiça, em vez de ficar convosco a deliberar o injusto por medo da prisão e da morte. E *isto aconteceu quando a Cidade se regia ainda pela democracia.* Quando depois veio a *oligarquia* [em 404], eis que um dia os Trinta me mandaram chamar com outros quatro, mandaram-nos ir para a sala do Tolo, e ordenaram-nos que mandássemos embora de Salamina Leôncio de Salamina para que morresse [...] E então eu, não com palavras mas com factos, fiz-lhes ver que da morte — se a expressão não é demasiado vulgar — não me importo mesmo nada; mas em não cometer injustiça ou impiedade, isso sim importa-me acima de tudo. E aquele governo, embora fosse prepotente, não me inquietou de facto a ponto de induzir-me a cometer uma acção injusta, e quando saímos da sala do Tolo, os outros quatro foram a Salamina e puseram fora Leôncio; eu deixei-os ir e regressei a casa. E creio que por este facto estaria já morto, se aquele governo não fosse derrubado pouco tempo depois (31 c-32 e).

É aqui muito bem posto em evidência que se a actuação política consiste em determinar, razoavelmente, em cada caso, o que é bem e o que é mal, independentemente da opinião comum, não se sendo determinado pela política deste ou daquele partido, justificada só porque de facto se tornou a opinião de grupos (de maioria ou minoria, não importa), a atitude de Sócrates, fruto do seu discorrer, sempre novo, sobre as situações e condições de facto, é, sempre, impolítica, fora da opinião (paradoxal), mas por isso mesmo é uma tomada de posição estritamente política. Assim se compreende como no *Górgias* Platão, a poucas páginas de distância, possa fazer dizer a Sócrates que ele não é um 'político', e que, na realidade, ele é o único político que Atenas teve.

Não, Polo, eu não sou um político; pelo contrário, no ano passado, sorteado para membro do Conselho dos Quinhentos, quando a pritania passou para a minha tribo e me calhou a mim presidir à votação, tornei-me ridículo, imperito como era quanto às normas de processo (473 e-474 a).

Queres que te diga porque espero ser condenado à morte? [...] Creio ter posto a mão, juntamente com poucos Atenienses — para não dizer que fui só eu a fazê-lo —, na verdadeira arte política, e ser o único, hoje, a pô-la em prática. Eis porque eu, não falando nunca para tornar-me agradável, não tendo por objectivo o prazer, mas o bem, recusando-me a fazer todas aquelas belas coisas que me aconselhas, em tribunal permanecerei sem palavra (521 d).

Saber discorrer, portanto: isso vem a implicar, para os que vivem fechados no seu ofício e no seu trabalho, desligados dos outros, indivíduos ao lado de indivíduos, o 'exame' mediante o qual dar-se conta de si e ao mesmo tempo da função do seu trabalho em relação ao dos outros. Daqui o primeiro aspecto da pergunta *o que é?* (τὶ ἐστι), através da qual, procurando, para além desta ou daquela definição — dada e aceite no âmbito da opinião —, uma definição que não seja contraditória em si, e seja por isso formalmente, logicamente universal, numa contraposição, caso a caso, das várias definições, chegar a demonstrar como não aceitável esta ou aquela definição, colocando assim o outro e nós próprios na dúvida fecunda (no *Êutifron,* por exemplo, onde se trata de definir a *piedade, Êutifron* que, em nome de uma concepção corrente do divino, está pronto a denunciar o pai, no fim, posto na situação de dúvida por Sócrates, que conseguiu tornar inaceitáveis as várias definições dadas, já não vai denunciar o pai). Mas o convite a *saber discorrer* implica também todo um modo de entender o constituir-se da relação humana exactamente oposto — permanecendo embora no plano dos homens — ao entendido pelos oradores (os políticos), no âmbito da retórica gorgiana. Daqui a diferença entre o discurso sofístico e o discurso socrático; em confronto com a persuasão retórica, a persuasão a que se chega *mediante o discorrer* (διαλέγεσθαι, donde *dialéctica* e *diálogo*). Ao lado do Sócrates 'protréptico' (pelo menos na interpretação de Platão, porque, na realidade, como aliás se vê pelo próprio Platão, aquele 'encaminhamento' de Sócrates não se esgota num puro encaminhar, a partir do momento em que os seus conteúdos os encontra no próprio saber discorrer), Platão faz emergir, em particular nas discussões com os oradores e os políticos, um Sócrates 'dialéctico'.

10. *A 'dialéctica' e a 'definição'. A 'braquilogia'. A interpretação de Platão, de Antístenes, de Euclides e de Aristóteles.*

Delineia-se aqui aquele que dizíamos o segundo aspecto apresentado por Platão. Assume assim particular significado a oposição entre o 'discurso longo', *macrologia* (próprio dos oradores, que se funda em premissas captadas no âmbito da opinião, da 'maioria', no *demo,* na assembleia, e que se desenrola num hábil jogo daqueles dados, onde por fim se perde na recíproca convicção tanto o retórico como o seu público, isto é, o homem) e o 'discurso breve' *(braquilogia),* que Platão apresenta como próprio de Sócrates, e que consiste em fragmentar na boca de outrem o discurso que tende a deslizar de premissa em premissa, para reconduzi-lo sempre às suas premissas, procurando através do próprio discorrer (dialéctica, braquilogia), de refutação em refutação, captar a 'premissa', que não seja aceite porque se encontra num contexto cultural e histórico, porque própria da maioria ou de grupos (e portanto não fruto de *saber*), mas porque válida (embora formalmente) enquanto inatacável, e por isso mesmo universal. Donde, por outro lado, ganha um significado preciso a pergunta: *o que é?* (τὶ ἐςτι). Quer dizer, diante da premissa de um certo discurso, dada e não captada racionalmente, e, portanto, particular, opinável, a que se chega retoricamente, a exigência de colocar aquilo de que se trata numa definição correcta, à qual se chega discutindo as hipóteses, *dialecticamente,* de modo que na totalidade (universalidade) se venha a encontrar o acordo racional (ὁμολογία) sobre a própria premissa do discurso. E então, através do 'diálogo', entendido como rigoroso e correcto modo de discorrer, como 'saber raciocinar', Sócrates, de objecção em objecção, num precisar também das 'palavras' usadas, procedendo embora 'antilogicamente', procura levar o interlocutor a dar uma definição daquilo de que se trata, que já não seja controvertível e sobre a qual seja possível um acordo, uma compreensão comum mesmo linguística.

Parece, assim, clara a contraposição entre a maneira de entretecer a relação humana segundo os modos da retórica de tipo gorgiano, e a maneira como, pelo contrário, através do *saber,* que se realiza mediante o próprio saber discorrer, mediante o saber colocar as justas premissas de um discurso, dialogicamente, se constitui para Sócrates a justa medida entre os homens. A 'dialéctica', a 'braquilogia', revelam-se, por isso, por um lado, como instrumentos mediante os quais despojar as premissas dadas e aceites no âmbito da opinião (em tal caso age-se não sabendo, de maneira passiva e portanto, na realidade, não se actua efectivamente) e, por outro lado, como instrumento com que aferir a capacidade de saber discorrer. Sob este aspecto, uma vez dadas premissas correctas, que são tais quando não estão em contradição, quando são acordadas *(homologadas),* porque a definição, a que se chegou dialecticamente, não pode deixar de ser unívoca, não podendo haver sobre elas senão um igual raciocínio *(homologhía),* devem acordar-se as conclusões, aquilo que delas se segue (συμβαίνειν). E então, por paradoxais que sejam as próprias premissas e as definições a que se chegou, são eliminadas as outras premissas, as opiniões sobre que se fundam os discursos retóricos. E isto serve, por isso, *negativamente,* para pôr de novo tudo, de cada vez, em discussão.

— É assim, ou não [...]? — Parece-me paradoxal, Sócrates, mas talvez coerente com as premissas por ti estabelecidas. — É preciso então ou *invalidar aquelas premissas, ou aceitar necessariamente estas conclusões* (*Górgias,* 480 e).

E ainda no *Górgias:*

Tais pontos de chegada, que já nos anteriores raciocínios se viu não poderem deixar de ser correctos, estão ali, como eu digo, se a expressão não é demasiado grosseira, fixos e encadeados com razões de ferro e de diamante — pelo menos pelo que *parece até agora — e se tu, ou outro mais ousado que tu, não conseguir quebrar tais razões, só se pode, querendo pensar como se deve, chegar às conclusões a que eu próprio cheguei.* Seja como for [...] *eu não sei como estão as coisas,* mas isto, sim, sei-o, que de cada vez que me encontrei com alguém, como agora convosco, ninguém, nunca, falou de modo diferente, *sem cobrir-se de ridículo* [...] (*Górgias,* 509 a-b).

Desde o princípio desta nossa discussão, louvei-te, [...] porque me pareces excelentemente preparado em *retórica,* ao passo que me parece que não gostaste nada da *dialéctica* [...] Homem feliz, tu procuras convencer-me de erro retoricamente, como os que asseguram convencer de erro nos tribunais, onde, precisamente, uns julgam ter refutado os outros, quando apresentam *muitas e reputadas* testemunhas daquilo que defendem e os imputados só apresentam uma ou nenhuma [...] Se eu não te apresentar exactamente a ti *como única testemunha* para confirmação daquilo que digo, não me parecerá ter alcançado nada de digno sobre o nosso tema. E assim, também tu, creio eu, não ficarás convencido se eu não for para ti testemunha *eu sozinho,* deixando *de parte todos os outros. Há uma forma de refutação que tu e muitos outros aceitam e há uma outra aceite por mim* (471 d-472 c).

Pareceu oportuno referir-nos ao *Górgias* de Platão porque o *Górgias* é um diálogo em que, por um lado, ao contrapor a retórica de tipo gorgiano (nos reflexos que ela teve na maneira de conduzir a política e de conceber a relação humana durante a guerra do Peloponeso) ao modo 'dialéctico' do proceder socrático, através do qual colocar as condições formais para que sejam possíveis raciocínios correctos, emerge claramente o aspecto *negativo* da pesquisa de tipo socrático e, ao mesmo tempo, o mais profundo significado do 'saber discorrer'; por outro lado, exactamente através da 'dialéctica' socrática, emerge igualmente clara a interpretação de Platão, o seu tender para a *definição positiva,* de modo que as próprias condições do pensar, que é tal enquanto se constitui dialecticamente, venham a ser as condições com base nas quais se define a ordem do todo, em que tem de decidir-se a própria ordem política, e, por isso, também o homem, numa fixidez última, onde, dialéctica a contextura, posta cada uma das formas por aquilo que é, inatacável e irreversível, de cada uma delas de deduz, de divisão em divisão *(dicotomia)*, aquilo que em cada uma está implícito. Foi sem dúvida contra tal interpretação platónica da 'dialéctica' socrática, que se veio a mover Antístenes e, por outro lado, Euclides de Mégara. Um e outro, embora por vias diferentes (Antístenes interpretando a dialéctica socrática na esteira das antilogias protagóricas, numa lógica claramente nominalista; Euclides interpretando-a na esteira da dialéctica eleático-zenoniana), chegam quer a negar a possibilidade de uma qualquer passagem às formas em si, quer, perante a impossibilidade de uma definição à qual reduzir todas as outras, à impossibilidade de contrapor um 'universo de discurso' a outro 'universo de discurso', porque, todos refutáveis, todos são irrefutáveis (οὐκ ἔστι ἀντιλέγειν), pelo que cada discurso permanece válido em si e incomunicável. Cada homem, por isso, ao fim e ao resto, fica fechado em si, e é ele próprio no seu isolar-se, no seu desvincular-se de toda a 'verdade' absoluta. E então, precisamente as duas opostas interpretações da 'dialéctica', as duas saídas opostas, permitem manter firmes algumas clarificações de Platão sobre a *negatividade* da dialéctica de Sócrates, e, uma vez mais, sobre uma posição socrática, orientada no sentido de resolver, mediante a 'dialéctica' e a 'braquilogia', em cada caso, as condições que permitem uma acção razoável, dentro dos limites do horizonte humano, repropondo de cada vez a correcção do discurso, a busca das condições que permitem o discurso ético-político.

Dentro destes limites assume particular significado (ao lado das soluções de Platão e das de Antístenes e de Euclides) a interpretação que Aristóteles deu da 'dialéctica' e da pesquisa socrática, relativa à 'definição'. Tal interpretação, naturalmente, não deve isolar-se (como, em geral, se fez) nem do modo como Aristóteles, numa interpretação da problemática do último Platão, estuda as condições que permitem, em níveis diferentes, diferentes tipos de discurso: não é por acaso que Aristóteles (cf. *Tópicos,* I, 105 b, 20) defende que para que seja possível uma 'física', é necessário avançar uma correcta 'proposição física', tal como para dar-se conta de como somos morais, é necessário avançar uma correcta 'proposição ética', e assim por diante. Vê-se bem então como, interpretando o Sócrates exposto por Platão, orientado, através da dialéctica, no sentido de determinar as condições (enquanto tais, formais e universais), que, em cada caso, permitem a acção, a constituição da correcta relação humana, e portanto, as condições que permitem o 'saber moral', diverso de 'outros saberes, Aristóteles possa afirmar:

Sócrates tratou não de questões respeitantes à natureza em geral, mas sim de coisas morais, tendo no entanto procurado nestas o universal e foi o primeiro a reconhecer que o pensamento tem a ver com as definições [...] Sócrates procurava o 'o que é' mediante um raciocínio bem conduzido: porque ele procurava silogizar, e o princípio dos silogismos é a definição; naquele tempo a dialéctica não era tão forte que pudesse, mesmo fora da definição, examinar as opiniões contrárias e ver se dos contrários se tira uma única ciência. Duas coisas podem de facto atribuir-se merecidamente a Sócrates: os raciocínios por indução e a definição do universal, os quais dizem ambos respeito ao princípio da ciência. Mas Sócrates não punha como existentes separadamente os universais, como pelo contrário fizeram os que os separaram e a tal género de entes (tornado *entidades* porque separados) puseram o nome de Ideias (*Metafísica,* I, 987 b e ss.; XIII, 4, 1078 b 17 e ss.).

E sublinhe-se aqui que para Aristóteles a *indução,* no plano dos possíveis discursos, não serve de modo nenhum para passar do dado particular para a essência universal, para encontrar para além do dado sensível a essência em si, mas como indicação, através de um conjunto de dados, não tanto daquilo que pode ser, quanto daquilo que permite um certo tipo de discurso, válido, exactamente, na medida em que encontra a sua correcta premissa *(definição).*

Voltemos daqui, uma vez mais, por um lado, ao mais preciso significado do 'não saber', e, por outro lado, ao valor da rigorosa procura socrática, que, excluindo toda a fácil premissa e conclusão — assumidas não criticamente —, leva ao Sócrates rígido, irónico, por vezes feroz contra quem (em particular os políticos ou os aspirantes políticos e oradores) não 'sabe pensar' ou não quer pensar em conjunto, contra toda a unilateral tomada de posição (excluindo qualquer outra possível razão), que não tem em conta as condições e situações reais.

Górgias, penso que também tu sejas perito em muitas discussões e que terás observado como é difícil que os interlocutores reciprocamente *definam* aquilo de que se aprestam a discutir, de modo que no fim tenham, cada um por sua vez, aprendido e ensinado: se, pelo contrário, discutem sobre um tema sem *reciprocamente manifestarem um ao outro se as suas palavras são correctas, ou não claras,* irritam-se e pensam que o outro fala daquele modo por malevolência, de modo que a sua discussão, mais que *exame racio-*

nal de um problema, vem a ser uma disputa cuja finalidade é o desejo de vencer. Alguns acabam mesmo por separar-se de modo bastante vil, depois de se terem ofendido, de terem lançado e recebido insultos tais que os próprios presentes ficam humilhados e desgostosos por terem estado a ouvir semelhante gente. Na realidade, não há mal maior para o homem que uma falsa opinião sobre o assunto de que se está a discutir [...] (Platão, *Górgias,* 457 c-458 b).

Aquela que dizíamos a segunda face de Sócrates liga-se assim à primeira, constituindo um só rosto, o rosto de Sócrates, único e múltiplo, no seu contínuo apelo, a todos, em cada caso, a 'saber discorrer', a não deixar-se dominar pelo imediatismo.

11. *Sócrates e o seu tempo. Sócrates e a lei. Sócrates perante a condenação à morte.*

Sob este aspecto o apelo de Sócrates, o seu pôr tudo em dúvida, o seu *demónio,* o seu irritar os outros, tentando despertar cada qual da sua preguiça moral, do seu deixar-se ir vivendo (num ou noutro sistema, não importa), do deixar-se prender supina e unilateralmente por esta ou por aquela posição, o seu convite ao 'saber discorrer', tem um significado para todos, em todos os tempos; precisamente isto, por outro lado, implica que o realizar-se daquele 'apelo' tem de cada vez um sentido, conforme as condições históricas e culturais em que se vive. Assim, por exemplo, a inserção do próprio Sócrates, homem concreto entre homens concretos, tem um significado preciso na Atenas do seu tempo, dentro dos limites daquela *politèia,* dos modos de viver, dos costumes e das concepções da Atenas de cerca de 450 a 425 primeiro, e de 425 a 399 depois. Tanto é verdade que logo a seguir à morte de Sócrates, uma vez aberto o 'caso Sócrates', a problemática aberta por Sócrates assume em Platão, em Antístenes, em Aristipo, em Xenofonte, em Aristóteles, que se inserem em situações e problemáticas políticas e culturais já alteradas, significados e conteúdos diferentes. Dentro deste âmbito, não é por acaso que um dos motivos em que Platão mais insistiu, não só é o de um Sócrates que, à parte as campanhas militares, nunca saíu da cidade, de Atenas, mas de um Sócrates que, fora de Atenas, em outros ambientes, em outras situações culturais, já não teria sido Sócrates: mais, a universalidade de Sócrates, consciente de si, dos seus limites, do seu *saber* e da sua função, está exactamente na sua particularidade temporal, no seu dar-se conta de que cada um é fecundo dentro dos limites do seu tempo, assumindo consciência de si e daquilo para que serve, para que é útil e justo, para o seu mundo, modificando esse mundo, não cortando-o pela raiz, mas sabendo inserir-se nele, transformando-o.

Tal é, aliás, a magistral interpretação proposta por Platão do significado dado por Sócrates à lei e do significado da morte de Sócrates, do seu aceitar a condenação à morte em nome da própria lei e, sobretudo, da utilidade que aquela sua morte teria para sempre. O último apelo de Sócrates à lei, naquele momento, daquela cidade, não foi, com efeito, nem uma heróica tomada da posição, nem uma abstracta exaltação da legalidade, mas, como sempre, a conclusão de uma controlada tomada de posição num calculado raciocínio sobre certos dados e situações, no seu *saber,* então, que bem era aceitar aquelas leis e aquele julgamento de condenação à morte, por injusto que ele fosse.

Como resulta do que viemos expondo, para Sócrates o homem é tal na medida em que é 'relação'. Já cada homem é aquilo que é não enquanto é algo de único, de compacto uma vez por todas, entidade, átomo ao lado de átomo, mas enquanto é uma pluralidade: que tal pluralidade tem de constituir-se numa relação harmónica, de cada vez numa calculada medida, em que consiste a razão, e, caso a caso, o bem. Donde, embora na sua inquietude, no seu repropor sempre tudo em discussão, a serenidade, ou melhor, a 'medida' de Sócrates, a sua 'sageza', que não são, portanto, hábitos, dotes naturais, mas, caso a caso, penosa conquista, fruto de razão e de ciência, virtuosidade que arrasta consigo o *bem viver, congenial (eudaimónico)* a cada um (*eudaimonia,* felicidade). A própria humanidade de Sócrates, por conseguinte, tal como se manifesta a partir de todas as fontes, é conquista, resultado quotidiano de uma tensão e do 'saber discorrer'; e assim, dia a dia, perante os múltiplos casos da vida, na guerra e na paz, nos momentos mais simples, como nos mais complexos: sem heroísmos. Donde as muitas historietas de um Sócrates sempre presente a si próprio, de um Sócrates que na campanha de Potideia (432-29) combateu valorosamente na qualidade de hoplita, e que durante uma batalha (432) salvou Alcibíades ferido e quis depois que o prémio fosse para o mesmo Alcibíades; de um Sócrates que durante o cerco de Potideia foi o melhor de todos no suportar as dificuldades e o frio, no controlar-se com medida nos perigos, por vezes pensativo e imóvel na sua meditação durante horas e horas; de um Sócrates que em 424, em Délio, conseguiu salvar Laquete; de um Sócrates que, com medida, sabe gozar a vida.

> Nos momentos de pândega era o único capaz de tirar partido dela, e em tudo, como no beber, quando a isso fosse obrigado embora contra a sua inclinação, a todos vencia, e, supremo espanto, nunca ninguém viu Sócrates embriagado [...Pelo contrário, uma vez, depois de ter participado num banquete nocturno, todos] caíam de sono: e o primeiro a adormecer foi Aristófanes, depois, quando era já dia, Agatão. Então Sócrates [...] levantou-se e foi-se embora [...]; e tendo-se dirigido ao Liceu e tomado banho passou, como outras vezes, o resto do dia, até que, à noite, foi para casa dormir (Platão, *Banquete,* 220 a, 223 d).

Esta é, provavelmente, uma idealização platónica, mas é muito elucidativa: assim mesmo, no fim, perante a morte, a dolorosa e serena aceitação da lei e da morte.

E então, se o homem é assim, já em si multiplicidade e unidade, em que a unidade é, de cada vez, medida conquistada, o homem é tal também enquanto multiplicidade de homens e unidade, que, por sua vez não é dada, mas consegue-se numa justa medida, numa correcta 'relação', pelo que o homem é tal na medida em que seja conquistada *societas.* Compreende-se, pois, como para Sócrates comece a haver homem, não quando há individualidade, multiplicidade em liberdade, ou seja, pura animalidade, mas quando há 'relação', isto é, quando há *lei,* quando se constitua vida política, numa articulação de instituições, pelo que cada homem é homem enquanto é 'filho' das leis (cf. *Críton,* 50 a e ss.). Por outro lado, tal como não existe homem em abstracto, assim também não existe a 'relação', a lei em abstracto, uma justiça puramente formal. E tal como o homem é sempre homem em concreto, num certo momento histórico, assim também a lei é sempre lei em concreto, num conjunto de instituições, nesta ou naquela relação humana, neste ou naquele Estado nesta ou naquela época. Toda a relação, deste ou daquele grupo, nesta ou naquela época, nesta ou naquela 'cultura', constitui-se numa precisa trama, dialecticamente. E então, as próprias leis, modos como se estabelecem, instituindo-se, aquelas relações, só poderão modificar-se através da modificação conjunta do grupo, da Cidade, correspondendo, desse modo, caso a caso, à nova estruturação do grupo. Quem, por isso, se subtrai, individualmente, à lei do seu Estado, da sua época, da sua civilização, deixa de ser homem (precisamente na medida em que já não há relação, isto é, harmonia de si consigo e com os outros), não respeitando os contratos, falhando no jogo humano, na relação (tornando-se indivíduo, uma espécie de Estado em si contra outro Estado), a menos que aceite as leis de outro Estado de modo a ser homem, igualmente fecundo e útil na relação humana. Sob este aspecto, embora respondendo à problemá tica própria de Platão, o *Críton* põe em plena luz o último conflito de Sócrates, o homem justo por si, que, de cada vez, se faz justo, que no entanto só pode ser tal em relação aos outros, pois que — uma vez mais — não existe homem justo se não se constitui em Cidade, cujas *leis,* aliás, precisamente enquanto constituídas, acabam por estar contra o homem justo, sempre novo, sempre em contraste com a 'forma' abstracta. Este o conflito que Platão apresenta com extrema vivacidade no *Críton* através da apresentação do diálogo entre Sócrates e as leis, através do confronto entre o homem concreto, que se faz justo caso a caso, e a norma instituída que conserva a ordem dada, seja ela qual for, desta ou daquela cidade, deste ou daquele grupo. Platão ultrapassará por fim tal conflito (mas não no *Críton*), anulando o homem e a sua relação com os outros, entendida como uma relação *in fieri,* sempre 'nova', propondo uma justiça absoluta, uma ordem com base na qual tudo se estabelece em fixa e eterna hierarquização. Platão, é certo, na *sua* reconstrução histórica de Sócrates, deu-se conta da aporia moral-política avançada pelo próprio Sócrates, e que, segundo Platão, exactamente a sua morte exacerbou até ao fundo: não é por acaso que Platão insiste várias vezes no facto de que Sócrates, o homem justo, o político verdadeiro, é condenado por todos, por todos os tipos de governo instituído, seja ele oligárquico — não se esqueça o episódio de Leôncio de Salamina —, seja ele democrático — não se esqueça o episódio do processo dos generais pelo facto das Arginusas e a condenação de 399.

Por conseguinte, como já dissemos, o empenho de Sócrates — como se vê a partir de Platão — foi o de realizar-se a si próprio juntamente com os outros, numa relação razoável, sem a qual não há homem, pelo que Cidade e homens racionais realizam-se conjuntamente em justa proporção, realizando cada um, conscientemente, o que a cada um compete, *sabendo* que cada qual deve fazer bem aquilo que lhe cabe. Se, portanto, Sócrates não tivesse sido Sócrates, ou seja, se tivesse sido outro o seu 'ofício', Sócrates teria podido fugir, ir para outro Estado, porque teria podido de igual modo fazer bem o seu 'ofício' e ser a um tempo útil e portanto homem, cidadão no meio de outros cidadãos. Mas não Sócrates. Fora de Atenas o seu 'empenho', isto é, o seu repreender, o seu convite a discorrer, a sua instância não teria tido eficácia, ou, caso contrário, teria sido morto pelas razões pelas quais foi condenado em Atenas.

Sim, sei-o bem, para onde quer que fosse os jovens viriam ouvir as minhas palavras, como aqui. E se os afastar, serão os jovens a enxotar-me persuadindo os velhos; e se os entretenho comigo, expulsar-me-ão os pais e parentes por sua causa (*Apologia,* 37 d-e).

Sócrates, processado em virtude das leis da sua Cidade numa situação particular, num peculiar estado de alma, devido à restaurada democracia, num clima de tormentoso ajustamento após a derrota, e condenado à morte porque considerado culpado de ter com a sua palavra corrompido os jovens e negado as divindades pátrias, introduzindo outras novas, teria podido durante o processo solicitar o exílio (*Apologia,* 87 c); ou então teria podido aceitar deixar de filosofar (29 c-d), e, ainda durante o processo, teria podido deixar de irritar (30 b e ss.); por fim, já na prisão, teria podido fugir e ir para outro lugar (*Críton,* 43 a-46 a); mas nesse caso Sócrates teria deixado de ser homem e todo o empenhamento da sua vida ficaria de chofre anulado.

Condenar-me-ei ao exílio? Provavelmente é exactamente essa a pena a que me queríeis condenar; mas seria na verdade bem grande o meu apego à vida se fosse tão pouco razoável a ponto de não dar-me conta do seguinte: vós, que no entanto sois meus concidadãos, não fostes capazes de aguentar as minhas discussões e os meus raciocínios, pelo contrário, tornaram-se-vos tão aborrecidos e irritantes que procurais libertar-vos deles; e, então, os outros é que deveriam suportá-los facilmente (*Apologia,* 37 c).

E assim não se esqueça uma notícia referida por Xenofonte, segundo a qual, no tempo em que Crícias dominava Atenas, na sua qualidade de membro dos Trinta Tiranos, foi decretado pelo próprio Crícias, para ver-se livre de Sócrates, que não se ensinasse a arte de discutir (Xenofonte, *Ditos Memoráveis,* I, 2, 31). Sócrates, pelo contrário, agindo sempre pela sua cabeça, depois de ter raciocinado e discutido consigo próprio, morrendo, ainda que em nome de uma lei que podia ter sido injustamente aplicada («e agora vais para o além — dizem as leis — vítima sim de uma injustiça, não devida no entanto a nós, as leis, mas aos homens»: Platão, *Críton,* 54 b), Sócrates mantém-se homem, continuando a irritar e a fazer os seus concidadãos envergonharem-se de si próprios, os quais, em vez de se encontrarem com ele na praça ou no ginásio, como quando estava vivo, podendo fugir dele, agora encontram-no dentro de si próprios e, talvez, para a humanidade e para sempre.

12. *A morte de Sócrates e o seu significado. O retrato de Sócrates traçado por Platão.*

Deve-se sem dúvida a Platão, à sua grande arte, à sua profunda e aberta problemática, o facto de, embora partindo de determinados dados concretos — o discutir de Sócrates, o seu quotidiano comportamento desconcertante e sempre novo, caso a caso, o seu irritar, a sua conduta na altura do processo das Arginusas e no tempo dos Trinta Tiranos, a aceitação da sua morte em nome da lei —, Sócrates surgir, por um lado, como símbolo de uma situação histórica, como índice daquela que depois da guerra do Peloponeso se tornaria a problemática cultural e política de Atenas, por outro lado, como símbolo da aporia moral, do conflito entre o homem isolado, no seu agir singular, que se transforma a si e aos outros numa vida política *in fieri,* e o Estado de facto, instituído. Não é por acaso que Platão, exactamente para resolver tal conflito, apresenta um Sócrates vítima, afinal, de si próprio, vítima daquela aporia, dentro dos limites de uma situação de facto, histórica, e a morte de Sócrates não só como o índice trágico daquela aporia, mas como o último e calculado logro lançado por Sócrates aos juízes, aos atenienses aos homens. Tal, para Platão, o significado da morte de Sócrates e, uma vez mais, do seu apelo a sermos nós próprios, a cuidarmos de nós, do conflito sem o qual não há vida de homens. Não parece ser um acaso o facto de Platão sublinhar que bem no fundo esta foi a sua recomendação; poucas horas antes de tomar o copo de cicuta, com serenidade e consciente de ter explanado nesta vida o seu simples dever de homem, a Críton que lhe perguntava o que deveria fazer depois da sua morte, respondeu:

> Aquilo que eu digo sempre, Críton: nada de novo; *se cuidardes de vós próprios,* fareis o que me é agradável a mim e a vós próprios, seja o que for que fizerdes, mesmo que agora não vos empenheis em nada de preciso (*Fédon,* 115 b-c).

E ainda a Críton, que na manhã daquele mesmo último dia o tinha exortado a fugir, tendo conseguido convencer os carcereiros, Sócrates, concluindo, tinha dito:

> E então, Críton, deixa estar, façamos assim, pois que deus me conduz por esta via (*Críton,* 54 e).

E assim parece não pouco indicativo sublinhar que, como se disse, e como Platão põe em relevo, no último dia Sócrates recusou-se a fugir, não porque fugir fosse *mal,* mas porque o raciocínio, a discussão de si consigo — também a Sócrates morrer desagradava —, a problemática da justiça e das leis, o levam, pelas razões vistas atrás, a rejeitar o conselho do bom velho amigo Críton de se ir embora, fugindo para outra terra.

Sob este aspecto, à parte o seu alto valor emotivo e evocativo, não pouco peso, dentro dos limites da problemática de Platão, assumem quer a página célebre do *Fédon,* onde Platão, como grande romancista, reevoca, idealizando-o, o momento da morte de Sócrates na sua conquistada, atormentada 'medida', no seu singular, amargo e sorridente controlo de si, quer a belíssima página do *Banquete,* onde Alcibíades, tecendo os louvores de Sócrates, permite a Platão apresentar uma vez mais, numa síntese excepcional, o retrato de Sócrates, vivo e desconcertante, aporético e irritante, quer a razão mais profunda por que Sócrates, exactamente porque representou para todos o demónio, o aguilhão, o apelo contínuo a serem homens a sério, é homem a evitar (donde, uma vez mais, por um lado, a razão por que se procurou afastar Sócrates, independentemente daquela que foi a situação histórica, por outro lado, o significado e a utilidade da morte de Sócrates, que a ninguém poderá jamais escapar).

Narra, pois, Platão no *Fédon* que após o mês que Sócrates passou na prisão (a sentença, dada pelo tribunal composto de 500 cidadãos, com uma maioria de 140 votos, como é sabido, não foi logo executada, porque no dia antes do julgamento tinha partido o navio sagrado para as festas Délias e nenhuma condenação à morte podia ter lugar antes do regresso do navio de Delos, e o navio regressou, precisamente, um mês depois), chegada a hora, logo a seguir ao pôr do sol, depois de se ter despedido de Xantipa e dos filhos, diante dos amigos que choravam, «elevando com *mão firme* a taça, *tranquilo,* bebeu até ao fim» a cicuta.

Então a maioria de nós — prossegue Platão, referindo a narração da morte de Sócrates feita por Fédon — que até àquela altura tínhamos conseguido na medida do possível abster-nos de chorar, quando o vimos beber e depois de ter bebido, não aguentamos mais: e também a mim, absolutamente contra a minha vontade, vinham as lágrimas sem tréguas, de tal modo que tapei a cabeça e chorei-me a mim próprio: não o chorava a ele, decerto, mas a minha sorte, porque assim ficava privado de tão grande amigo! Críton, em seguida, ainda antes de mim, não conseguindo conter as lágrimas, levantara-se para ir-se embora. E Apolodoro, que anteriormente também nunca chorara, desfez-se então em soluços, chorando com tão funda dor que não houve nenhum dos presentes a quem não tivesse despedaçado o coração, à excepção dele, Sócrates. Pelo contrário, ele disse: — Mas que fazeis, homens maravilhosos! E eu que exactamente por isso, para que não cometessem tal inconveniência, mandei embora as mulheres. Também ouvi dizer, além disso, que é preciso morrer com palavras de bom augúrio. Vamos, estejam tranquilos e sede fortes. Nós, ao ouvi-lo, envergonhámo-nos e abstivemo-nos de chorar. Ele andou um pouco à volta, e quando disse que as pernas começavam a ficar pesadas, deitou-se de costas, como o homem lhe aconselhava; entretanto, este tocava-o e ia-lhe controlando os pés e as pernas; depois, apertando-lhe um pé, perguntou-lhe se sentia. Respondeu que não. Premiu-lhe então as pernas, e assim sucessivamente, subindo pelo corpo acima, mostrava-nos como ia ficando frio e rígido. O homem, continuando a tocá-lo, disse que quando a acção do veneno chegasse ao coração, nessa altura ir-se-ia. Já estava quase frio à volta do baixo ventre; e eis que se destapou — tinha sido coberto [segundo o costume, quando se sentia aproximar a morte] — e disse, e foram estas as suas últimas palavras: — Críton, devemos um galo a Esculápio [pois que a morte é a cura de todos os males da vida, ofereça-se, pois, o tradicional galo ao deus da medicina]: dai-lho, não vos esqueçais disso! — Sim, exclamou Críton: mas vê se tens algo mais a dizer. A tal pergunta já não respondeu. Passado um pouco mexeu-se. O homem destapou-o, dado que depois de falar se tapara de novo. Os seus olhos tornaram-se fixos. Então Críton fechou-lhe a boca e os olhos. — Este, Equécrates, o fim do nosso companheiro, de um homem, podemos bem dizê-lo, dentre os que então encontrámos *o melhor* e, sem dúvida, *o mais sábio e o mais justo* (117 c-118 a).

É difícil esquecer esta humaníssima página do *Fédon,* mas é igualmente difícil de esquecer a página do *Banquete,* a que atrás aludíamos, onde Platão, se por um lado, apresenta aquela que, na sua opinião, foi a função de Sócrates no seu tempo e para o seu tempo, por outro lado, parece fazer reemergir Sócrates da morte, o Sócrates protréptico, contraditório, irritante, cuja positividade está justamente na sua negatividade, no seu escapar desencantado, na impossibilidade de agarrá-lo a não ser na dúvida, o Sócrates de que nasce o 'caso Sócrates', e muitos possíveis 'socratismos'. É assim que Sócrates começou a existir depois de Sócrates e — como dissemos noutro lado — tornou-se um *símbolo,* o símbolo do saber pensar, que é, ao mesmo tempo, saber agir, num elogio da razão, não dada, mas que de cada vez, em cada situação, ao sabor da contingência humana e dos humanos casos e situações, torna homens, num racionalismo, que não é 'intelectualismo ético', nem retórica atitude professoral e moralística, mas humanidade que só é tal no pensar e agir concreto, na consciência dos seus limites e, por consequinte, das suas possibilidades, em humildade de trabalho e de compreensão, num saber assumir conscientemente em cada caso as suas responsabilidades.

E assim voltamos ao início do nosso discurso, ou seja, que só referindo-nos, na medida do possível, aos seus *frutos* imediatos, por um lado, e, por outro lado, a uma situação histórica muito particular, se pode procurar reevocar, em dois tempos diferentes (antes da guerra do Peloponeso e durante aquela guerra), o significado da personalidade de Sócrates, naquele período, através de Aristófanes e Platão e das suas sugestões, sob um aspecto e, sob outro aspecto, mediante o Sócrates de Antístenes, de Euclides, de Ésquines de Esfeto, de Xenofonte e de Aristóteles; talvez a partir daqui se possa reevocar e captar, na problemática por ele suscitada de vários modos, os aspectos em que ele permaneceu empenhado no âmbito da história do pensamento ocidental. Sem dúvida que, exactamente por isto, mal se procura precisar o que é que Sócrates pensou de facto, mal se tenta determinar uma sua 'filosofia', uma vez mais ele escapa, e uma vez mais, o dar-se conta de que afinal Sócrates continua a ser um problema, e que a sua posição se perde em nebulosas exaltações retóricas ou em múltiplas interpretações que constituem os reais Sócrates, correspondentes de cada vez a situações históricas diversas, irrita e deixa as pessoas vazias e entorpecidas, na dúvida, e perante a difícil tarefa de serem homens, jamais redutíveis a fórmulas, a uma qualquer fundamentação ontológica ou naturalista daquilo que o homem é.

No *Banquete* faz, pois, Platão dizer a Alcibíades, bêbedo e sincero:

Eu, meus amigos, procurei louvar Sócrates, assim: por imagens. Ele talvez vá julgar que eu o faço por brincadeira, mas as minhas imagens não são uma brincadeira: elas correspondem à verdade. Eu defendo, pois, que ele é semelhantíssimo àqueles silenos que estão em exposição nas oficinas dos escultores, que os artífices compõem pondo-lhes na mão uma fístula ou uma flauta, e são trabalhados de modo que são vazios por dentro e abrem-se em dois lados, e, abrindo-se, mostram estátuas de deuses. E defendo também isto, que ele se assemelha ao sátiro Mársias. E que és semelhante a Mársias, pelo menos no aspecto, nem sequer tu, Sócrates, duvidarás disso! Mas como no resto te assemelhas a ele, ouve lá: não és um cantador? Não? Se não queres admiti-lo, citar-te-ei testemunhas. Não és um tocador de flauta? E de que maneira! E mais maravilhoso que Mársias. Mársias por meio de instrumentos encantava os homens com o vigor que lhe saía da boca. E ainda hoje assim faz quem toca as suas melodias [...] Tu só diferes dele nisto, em que mesmo sem instrumento, com palavras nuas, provocas o mesmo efeito. Nós, por certo, quando ouvimos discorrer qualquer outro, mesmo que seja um bom orador, sobre outros temas, quase diria que nada interessa a nenhum de nós. Mas quando te ouvimos a ti, ou mesmo um outro que refere os teus discursos, ainda que este seja um orador de nenhum valor, quem ouve, mulher, homem ou jovem, fica ali estupefacto e fascinado. Pessoalmente, pois, ó amigos, se não tivesse medo de parecer mais bêbedo que o que sou, jurando dir-vos-ia o que me fizeram e ainda agora me fazem os discursos deste homem. De facto, quando o ouço, o coração bate-me fortemente no peito, muito mais que aos arrebatados pelo furor coribântico, e as suas palavras fazem-me jorrrar as lágrimas. E vejo que muitíssimos outros experimentam o que eu próprio sinto. Quando, em contrapartida, ouvia Péricles, ou outros bons oradores, compreendia sim que lá falar falavam eles bem, mas não experimentava nada de semelhante, *a minha alma não se transtornava, não se encolerizava como se me tivesse encontrado em servidão.*

Pelo contrário, por causa deste nosso Mársias, muitas e muitas vezes já me encontrei neste estado de alma, *a ponto de parecer-me que a vida que eu levo não é de facto vida.* Não vais dizer, Sócrates, que isto não é verdade. E mesmo agora sei bem que se quisesse por-me à escuta, não seria capaz de resistir-lhe e encontrar-me-ia na mesma situação. Porque ele me obriga a confessar que eu, sendo embora um homem cheio de defeitos, não cuido nada de mim, para ocupar-me, pelo contrário, nada menos que dos assuntos dos Atenienses. Eis porque tapando os ouvidos *fujo dele à viva força, fujo dele como das Sereias, porque não me apetece ficar ao pé dele a envelhecer.* E só com este homem me aconteceu uma coisa que ninguém acreditaria pudesse jamais acontecer-me, o *ter de corar de vergonha.* Só ele me faz ter vergonha de mim. Sim, porque tenho consciência de não saber opor-me a ele, porque sei que me convém fazer aquilo a que ele me exorta; mas também sei que *mal me afasto dele, as honras das pessoas me fazem virar a cabeça.* Eis porque *o evito e fujo,* e, basta vê-lo, recordando a confissão que ele me arrancou, para ficar com a cara vermelha. Assim, quantas vezes desejei não voltar a vê-lo entre os vivos! E no entanto, se isso acontecesse, *sei bem que sentiria uma dor muito maior, de modo que não sei de facto como comportar-me com este homem.* E ao som de flauta deste sátiro eu e muitos outros experimentámos estes mesmos efeitos [...] Eu sinto-me, pois, como uma pessoa mordida por víbora: quem sofreu isso, diz-se, só quer falar disso com os que como ele já foram mordidos, pois que só esses compreendem e desculpam se acaso por via da dor se fez ou disse qualquer loucura. Eu, portanto, mordido pelo dente mais doloroso e na parte mais dolorosa, aqui, no coração, ou na alma, ou como queira chamar-se-lhe, mordido e ferido pelos raciocínios de filosofia, que são mais selvagens que a víbora quando mordem uma jovem e não desprezível alma e a obrigam a fazer e a dizer seja o que for; eu que me vejo diante [agora, neste lugar] de tantos de vós que participais da mania e do báquico furor da filosofia; vós todos, pois, estareis a ouvir-me, pois que me desculpareis por aquilo que então fiz e por aquilo que agora digo [...] Os discursos de Sócrates são, assim, coisa tão nova, que por mais que se procurasse não se encontraria nem hoje nem no passado nada de semelhante, a menos que se queira compará-lo a ele e aos seus discursos, que digo eu, não a homem, mas a Silenos e a Sátiros. É verdade, tinha-me esquecido disto no início, que os seus discursos também são muito semelhantes aos Silenos que se abrem: se, de facto, a alguém vier o desejo de ouvir os discursos de Sócrates, à primeira vista parecer-lhe-ão que fazem rir, porque estão envoltos de fora em certos nomes e verbos, como numa pele de sátiro insolente. Os seus discursos, com efeito, referem-se sempre a burros de carga, a carpinteiros, a sapateiros, e parece que diz sempre as mesmas coisas com as mesmas palavras; de tal modo que alguém que seja inexperiente e ignorante quanto aos seus discursos dará risadas loucas ao ouvi-los. Mas quem os vir abertos e compreender a sua intimidade, achará primeiro que tudo que, entre todos os discursos, aqueles são os únicos que encerram um pensamento profundo, e que por isso são verdadeiramente divinos, têm em si inúmeras imagens de virtude e referem-se a muitíssimos e altíssimos temas, ou melhor, a tudo aquilo que deve ter em atenção quem quiser tornar-se um homem honesto (215 a — 216 c, 217 e — 218 b, 221 b — 222 a).

CRONOLOGIA DA VIDA

470/469-455 Nasceu em Atenas: na *Apologia,* 17 d-e, Platão faz dizer a Sócrates que era a primeira vez que ele, já com mais de setenta anos, vinha a tribunal, donde recorde-se que o processo, que se concluíu com a sua condenação à morte, se desenrolou em 399. Nasceu de Sofronisco e de Fenareta, da tribo Antióquide e do demo de Alopece. O pai, escultor, foi homem tido em certa consideração no seu demo (cf. Platão, *Laquete,* 181 a); a mãe, como indica o nome Fenareta, devia ser de boa família: parece que tinha o hábito de ajudar as amigas a dar à luz (cf. Platão, *Teeteto,* 149 a e ss.). Não sendo pobre, Sócrates pertencia à classe média: como resulta de todas as fontes, nunca recebeu qualquer salário, mas algum rendimento teve-o com certeza, porquanto ainda nos seus 46 anos prestou serviço militar como 'hoplita' munido de armadura completa. Foi educado como todos os jovens do tempo: ginástica, música, poesia Segundo uma certa tradição, que remonta a Dúrides de Samos (cf. Diógenes Laércio, II, 19), Sócrates teria exercido a arte do pai na sua primeira juventude: parece, até, que um grupo de Cariátides veladas, que parece se encontrava na Acrópole, fosse obra de Sócrates (além de Diógenes Laércio, *cit.,* cf. Pausânias, I, 22,8 e IX, 35, 7).

455-33 Pouco ou nada sabemos da sua formação cultural e da sua vida até 432. É o tempo de Péricles. Parece ter tido contactos com Parménides e Zenão de Eleia (por volta de 454: cf. Platão, *Parménides,* 127 a e ss.), ter conhecido Anaxágoras (leu o seu livro: cf. Platão, *Fédon,* 97 b-c, e atrás), os físicos Diógenes de Apolónia e Arquelau: segundo Íon de Quios (*in* Diógenes Laércio, II, 23), Sócrates quando jovem dirigiu-se a Samos com Arquelau; é certo que Arquelau esteve em Atenas, e deve-se a Aristóxeno (*Vida de Sócrates,* fr. 52 a ed. Wehrli), em geral pouco favorável a Sócrates, a notícia de que ele terá sido 'amásio' de Arquelau (cf. Diógenes Laércio, II, 19). Difícil é sustentar que Sócrates tenha estado com Arquelau à frente da escola jónica em Atenas (cf. Diógenes Laércio, IIx 19). Indubitavelmente, à parte os interesses que nele suscitaram a lógica zenoniana e a física anaxagórica (cf. *supra*), Sócrates foi desde jovem extremamente sensível e interessado quanto às novas ideias que circulavam em Atenas e a todos os aspectos da cultura e das ciências (em particular a nova física e a medicina). Não é por acaso que se conta que ele foi das relações de Aspásia (cf. *supra*), que teve particular interesse pelas tragédias de Eurípides (Diógenes Laércio, II, 18, diz que, segundo Mnesímaco, Cália e Teleclides, todos eles autores cómicos, Sócrates teria trabalhado como assistente de Eurípides, e não é talvez por acaso que Aristófanes, em *As Nuvens,* vv. 1361 e ss., para mostrar quanto o jovem Fidípides aprendeu de Sócrates, coloque lá, em contraste com o de Ésquilo, o nome de Eurípides) e pela poesia (segundo Diógenes Laércio, Sócrates, ainda jovem, teria composto um Peã a Apolo: II, 42). Esses seus interesses e abertura (provavelmente também pelas questões religiosas, pelos órficos, pelos pitagóricos, como se conclui de Platão e de Xenofonte: fizeram pensar muito aquelas espécies de *transes,* em que, por exemplo, parece que caía durante as campanhas de guerra: Platão, *Banquete,* 219 e, 220 c-d), levaram a apresentar um Sócrates relacionado com sacerdotes e sacerdotisas, tendo familiaridade com pessoas versadas nas coisas do divino (cf. Platão, *Ménon,* 81 a), hábil na linguagem dos médicos, ele próprio médico de almas sem o que não se curam os corpos (cf. Platão, *Cármides,* 156 a e ss.; também *Fedro,* 269 e-270 c). Por certo que Sócrates se deu conta da importância do movimento sofístico e das suas exigências. Teve relações com Protágoras (amigo de Péricles, por seu encargo preparou a legislação de Túrio, fundada em 444, e esteve em Atenas por volta de 443, em 432 e em 411, quando foi expulso de Atenas sob a acusação de impiedade: cf. adiante *Bibliografia*), com Górgias (esteve em Atenas em 427 e em outras alturas: cf. adiante *Bibliografia*), com Pródico de Ceos (esteve muitas vezes em Atenas: Platão diz que Sócrates assistiu às suas lições: cf. *Protágoras,* 341 a; *Crátilo,* 384 b; *Cármides,* 163 d; *Ménon,* 96 d).

432-29 Participou na campanha de Potideia, na Trácia, na qualidade de hoplita. Durante a batalha (432), em que parte do exército ateniense foi obrigado a retirar-se, salvou Alcibíades ferido, e quis depois que o prémio fosse para o mesmo Alcibíades (Cf. Platão, *Banquete,* 220 d-e). Durante o assédio a Potideia, conta-se que se comportou sempre com extremo equilíbrio, quer no suportar as dificuldades e o frio, quer no controlar-se nos perigos, ficando por vezes pensativo e imóvel na sua meditação, durante horas e horas. «Então acima de tudo — faz Platão dizer a Alcibíades no *Banquete,* 219 e, 220 c-d, recordando Potideia —, no resistir ao cansaço ele não só me ultrapassava a mim, mas a qualquer outro [...] Mas 'que grande coisa fez depois e aguentou este homem vigoroso', ali, no campo, merece ser ouvido. Tendo-lhe vindo uma ideia, ficara parado e permanecera de pé no mesmo lugar até à alvorada, a pensar nela; e não tendo chegado ao fim, não cedia, mas permanecia ali parado a meditar. E era já meio-dia e as pessoas davam-se conta disso, e espantadas diziam umas para as outras que Sócrates estava ali desde manhã cedo de pé a reflectir sobre alguma coisa. Por fim, alguns jónios, quando anoiteceu, depois de terem ceado (porque se estava então no Verão), trouxeram cá para fora as suas enxergas e pondo-se a descansar ao fresco, observavam-no, para ver se ele permaneceria ali de pé mesmo de noite. E ele assim permaneceu até que veio a aurora e o sol se levantou: depois foi-se embora, após ter feito a sua oração ao sol».

428-25 Em 428 voltou a Atenas, onde retomou a actividade habitual e os costumados diálogos (cf. Platão, *Cármides,* 153 a).

424 Esteve de novo em guerra: combateu corajosamente em Délio durante a retirada do exército ateniense face aos Beócios, conseguindo salvar Laquete (Platão, *Banquete,* 220 e ss.). Sobre as campanhas de Sócrates confronte-se também Diógenes Laércio, II, 23.

421 Voltou a Atenas, onde permaneceu até à morte.

420-15 São contrastantes as notícias acerca do casamento de Sócrates. Parece ter desposado Xantipa, já maduro, entre 419 e 415. Avança-se, em geral, por volta de 415, porque na *Apologia* de Platão, 34 d, um dos filhos de Sócrates, o mais velho, Lamprocles, na altura do processo (399) aparenta ser ainda um rapazinho e os outros dois ainda crianças (cf. também *Fédon,* 116 d-a). No *Fédon,* 60 a, um dos dois filhos, o mais novo — Sofronisco ou Menéxeno —, no dia da morte do pai, aparece nos braços de Xantipa. Platão nada diz sobre as relações entre Sócrates e Xantipa, nem dos diálogos transparece uma mulher de Sócrates que não compreenda o marido, todo o dia ocupado em discutir com os amigos. Do *Fédon,* pelo contrário, aparece uma relação de notável comedimento e de afecto (60a, 116 a), assim como também de Xenofonte (*Ditos Memoráveis,* II, 2), que refere um pretenso discurso de Sócrates a seu filho Lamprocles exasperado com o feitio da mãe Xantipa. A lenda de uma Xantipa insuportável, mulher que como tal não pode compreender os problemas do homem, remonta a Antístenes (cf. Xenofonte, *Banquete,* II, 10; cf. para as várias historietas Diógenes Laércio, II, 37). Segundo uma outra tradição, referida por Diógenes Laércio (II, 26), Sócrates teria tido duas mulheres, a primeira Xantipa, de que teria nascido Lamprocles, a segunda Mirto, de que teriam nascido Sofronisco e Menéxeno. Em contradição com a historieta referida por Xenofonte (II, 2), onde Lamprocles aparece como o mais velho dos filhos de Sócrates e filho de Xantipa, está uma outra tradição segundo a qual Mirto teria sido a primeira mulher de Sócrates e por isso a mãe de Lamprocles, ao passo que Xantipa teria sido a segunda mulher e mãe de Sofronisco e Menéxeno (cf. Diógenes Laércio, II, 26). Finalmente, segundo uma outra lenda, Sócrates teria sido bígamo: teria tido ao mesmo tempo Xantipa e Mirto (a notícia remonta provavelmente a Aristóxeno: sobre toda esta questão cf. J. Humbert pp. 39-42).

406-5 Sócrates foi eleito por sorteio membro do Conselho dos Quinhentos, e um acaso quis que a sua tribo, a Antióquide, tivesse a *pritania* (sobre as *pritanias* cf. Aristóteles, *Constituição de Atenas,* 43 e 44; cf. também G. Giannantoni, «La pritanìa di Socrate», in *Rivista critica di Storia della Filosofia,* XVII, 1962, pp. 3-25), de modo que Sócrates fez parte da Comissão dos Prítanes. Atenas tinha então ganho a batalha naval das Arginusas. A vitória custou 25 navios e 2 000 homens. Os generais vitoriosos foram no entanto acusados de não terem procurado salvar os soldados que ficaram no mar. Durante o processo os generais presentes estavam a conseguir justificar-se um a um. Mas o povo, duramente impressionado, queria ver julgados os acusados ainda antes de todas as testemunhas terem clarificado a posição de cada um dos imputados. As *Apatúrias* — festa jónica das famílias — atiçaram os sentimentos adversos do povo: foi pedido que os generais fossem todos julgados sob uma única acusação. Tal procedimento era ilegal, mas a Pritania, perante a qual foi levada a proposta, cedeu à vontade popular. Só Sócrates se opôs (cf. Platão, *Apologia,* 32 bc, *Górgias,* 473 e; Xenofonte, *Ditos Memoráveis,* I, 1.18 e IV, 4.2, *Helénicas,* I, 7, 14).

404 Opôs-se, com risco da própria vida, ao querer de Crícias, chefe dos Trinta Tiranos, que, tendo-o convocado para a sala do Tolo, lhe ordenava que fosse prender o democrático Leôncio de Salamina (cf. Platão, *Apologia,* 32 c-d, e *VII Carta,* 324 e-325 a; também *supra*). Xenofonte escreve também que Crícias, uma vez conseguido o poder, apesar de ter sido companheiro de Sócrates, lembrando-se de uma áspera censura que Sócrates lhe teria dirigido pelas suas relações com o jovem Eutidemo, fez emanar um Decreto-lei pelo qual se proibia a arte da discussão (*Ditos Memoráveis,* I, 2.29-38). A anedota de Xenofonte é muito suspeita.

399 Teve lugar o processo contra Sócrates, instaurado pela restaurada democracia. A acusação escrita de impiedade *(grafè asebèias),* com base na qual se desenrolou o processo, foi apresentada por Mélito, do qual nada sabemos (Platão faz dizer a Sócrates, embora ironicamente, que Mélito foi empurrado pelo seu apego à Cidade: *Apologia,* 24 b; no *Êutifron,* 3 a-b, Platão esclarece as intenções do pio Mélito). Embora com algumas discordâncias nas fontes (Platão, Xenofonte), parece exacto no seu conjunto o que é referido por Diógenes Laércio: «Isto subscreveu e jurou Mélito de Mélito, Pítio, contra Sócrates de Sofronisco, Alopecense. Sócrates é culpado de não reconhecer como deuses os deuses tradicionais da Cidade, e de introduzir novas divindades; e é também culpado de corromper os jovens. Pena: a morte» (II, 40). Apoiantes da acusação *(synégoroi)* foram Ânito e Lícon (que os acusadores foram Mélito, Ânito e Lícon, isso é testemunhado por Platão na *Apologia,* e, como refere Diógenes Laércio, II, 39, por Antístenes no seu livro *Sucessões dos Filósofos*). Não sabemos o que é que Ânito e Lícon disseram na abertura do processo em tribunal. Nenhuma fonte fala de Lícon. O verdadeiro protagonista da acusação e da condenação de Sócrates deve ter sido Ânito. Ele foi homem de um certo engenho político: do partido democrático, estratega em 409, filho de um comerciante que se fez com o seu próprio trabalho, ele mesmo homem de negócios notável (cf. Platão, *Ménon,* 90 a; Diodoro, XIII, 64, 6), exilado no tempo dos Trinta Tiranos, regressado a Atenas com Trasíbulo, participou na restauração do regime democrático. Platão esclarece bastante bem as razões do ataque de Ânito, o homem rico e bem intencionado, restaurador de uma ordem ultrapassada, que vê em Sócrates, no seu subtil fazer os outros pensar com a sua cabeça, o real subversor daquela ordem (cf. Platão, *Apologia,* cit,, *Ménon,* 90 a e ss.; também *supra;* sobre Ânito, além de Platão e Diodoro, cit., e

XIV, 37.6, cf. também Isócrates, VIII, 23; Xenofonte, *Helénicas,* II, 3, 42; *Andócides,* I, 150). Os antigos, seguindo Ermipo de Esmirna (Diógenes Laércio, II, 38), consideraram que o discurso de acusação, que Ânito pronunciou perante o tribunal, terá sido escrito por Polícrates, e seria o discurso referido na *Apologia de Sócrates* de Libânio, sob o título de *Acusação contra Sócrates* (cf. Temístio, 23, p. 357 Dindorf; *Suda,* no artigo *Polícrates;* Quintiliano, *Inst. Orat.,* II, 17, 4). Já Favorino demonstrava, porém, que a *Acusação* de Polícrates não podia ter sido escrita para Ânito, porque nela se alude à reconstrução das Muralhas por parte de Cónon, o que aconteceu seis anos depois da morte de Sócrates (Diógenes Laércio, II, 39). E de facto a *Acusação* de Polícrates deve ter sido escrita por volta de 393 (cf. *supra;* cf. também Xenofonte, *Ditos Memoráveis,* I, 2.26, e I, 1.1, o qual distingue os 'acusadores', I, 1.1, dos quais na realidade nada sabe, do 'acusador', I, 2.26, Polícrates, cujo texto mostra conhecer; cf. também Humbert, *op. cit.,* p. 51).

É seguro que Sócrates, depois de os três terem pronunciado as suas acusações, pronunciou, por sua vez, a sua defesa. Segundo a procedura, à acusação *(categoria)* seguia-se a defesa *(apologia).* Sócrates não leu nem decorou a defesa que outros lhe tivessem preparado, e pode também suceder que, como refere Diógenes Laércio (II, 40), tenha recusado a defesa que Lísias tinha escrito para ele, «porque ele sabia mais de eloquência judiciária que de filosofia». O próprio Platão, na *Apologia* (17 b-c) parece aludir à proposta de Lísias, quando põe Sócrates a afirmar que ele se defenderá de modo bastante diferente do que é usado pelos oradores nos tribunais. Ainda que indubitavelmente as palavras que Sócrates pronunciou não sejam as referidas por Platão, embora a *Apologia* de Platão seja já uma interpretação, por detrás das linhas da *Apologia* de Platão parece estar o discurso pronunciado por Sócrates em sua defesa. De nenhum valor histórico, ou evocativo-histórico, é a brevíssima e banal *Apologia de Sócrates,* escrita por Xenofonte. Sócrates foi condenado à morte pelo tribunal composto de 500 cidadãos, por 360 votos (cf. Platão, *Apologia,* 38 a, e Diógenes Laércio, II, 42).

A sentença não foi executada de imediato: no dia antes do julgamento tinha partido o navio sagrado para as festas Délias e nenhuma execução podia ter lugar antes do regresso do navio de Delos. O navio regressou cerca de um mês depois, parece que por causa de ventos contrários (cf. Platão, *Fédon,* 58 e ss.; Xenofonte, *Ditos Memoráveis,* IV, 8.2; Diógenes Laércio, II, 42, pelo contrário, diz que Sócrates bebeu a cicuta poucos dias depois de ter sido pronunciada a sentença). Chegado o dia (parece que em Março de 399), mal o sol se pôs, depois de se ter corajosamente despedido de Xantipa e dos filhos, diante dos amigos que choravam, com os quais prosseguira as suas discussões durante aquele mês de espera na prisão, bebeu a cicuta (cf. Platão, *Fédon*).

Escassíssimas são, pois, as notícias seguras da vida de Sócrates: sabemos quem foram o seu pai e a sua mãe, que combateu em Potideia, Délio e Anfípolis, que depois de 421 não voltou a sair de Atenas, que se casou, que teve três filhos, que foi um dos prítanes em 405, que arriscou a vida no tempo dos Trinta Tiranos, que foi processado e condenado à morte em 399, que tinha uma figura robusta, o nariz achatado e grandes e bons olhos bovinos.

HISTÓRIA DA CRÍTICA

1. Complexo e difícil é o estudo da história do vários modos como ao longo dos séculos, mais do que se interpretou, se evocou Sócrates, como o 'nome' Sócrates (aquilo que pouco a pouco se foi *entendendo por 'socratismo'*) foi retomado ao sabor dos tempos, das exigências, das interrogações, das situações políticas, constituindo assim, por um lado, diferentes modos de pensar, por outro lado, particularmente em épocas de crise, um símbolo, o símbolo do próprio filosofar, entendido como consciência crítica de si, alcançada numa reflexão quotidiana sobre as suas experiências de vida e numa abertura que reflecte a inquietude do homem e a sua mais profunda exigência (sem o que o homem não é homem) de nunca agir ao acaso, mas de agir pensando, discorrendo, de aclarar a si próprio as suas ideias, isto é, de ter *ideias,* que nascem, precisamente, através de tal discorrer e pensar. E a dificuldade está principalmente no facto de que falta um dos termos de comparação necessário ao historiador para que, depois de ter conseguido, de desestratificação em desestratificação, recolocar, dentro dos limites do possível, a posição estudada nos termos do seu tempo, do seu haver-se constituído, historicamente, possa, tendo em conta aquela posição ou concepção, repercorrer as razões das várias estratificações, e como é que aquela mesma posição se foi depois transformando, determinando de cada vez novos modos de pensar, adquirindo por fim uma igualmente válida realidade histórica: no caso de Sócrates, o termo de comparação que está a faltar é exactamente *Sócrates,* embora se possa repetir com H. Maier (*Sokrates,* Tubinga 1913, trad. it., Florença 1943-44, p. 1) que, por certo,

«não se pode apagar a impressão de estarmos perante uma personalidade enorme, um daqueles homens que não viveram apenas para a sua época e para o seu povo, nem somente para alguns séculos, mas que conservarão a sua importância enquanto houver homens [...]». Para uma história de como, portanto, Sócrates actuou *depois* não podemos deixar de referir-nos, primeiramente, a mais que um Sócrates: ao Sócrates de Aristófanes, ao Sócrates de Platão, ao Sócrates de Antístenes, ao Sócrates de Xenofonte, ao Sócrates de Aristóteles; é tendo presentes *estes* Sócrates que, em segundo lugar, podemos dar-nos conta de como e porquê foi assumido este ou aquele Sócrates, em situações e épocas diferentes, de como este ou aquele Sócrates (em particular o Sócrates de Platão e o de Xenofonte) funcionou, determinando mais que um 'socratismo' único, uma série de 'socratismos', a ponto de que hesitaríamos hoje muito em usar sem mais o termo 'socratismo', vago e vazio de conteúdo, a não ser caso por caso, pensador por pensador, ou para referirmo-nos a um igualmente vago 'humanismo', a uma igualmente vaga moral mundana. E então, se historiograficamente o 'caso Sócrates' está no facto de que Sócrates *existiu* e, ao mesmo tempo, *não existiu,* se ele uma vez mais permanece ao fim e ao cabo um problema, um homem de vários rostos, que continua, sob um aspecto ou sob outro, a irritar, a aparecer como extremamente concreto, vivo e real no seu tempo, quer política quer eticamente, ao passo que depois não é mais que um convite, uma forma, que pretende de cada vez, em situações históricas e de pensamento alteradas, soluções e conteúdos diversos (e isto desde o princípio, logo depois da sua morte); se ele, de modos diferentes, respondendo a problemáticas diversas, começou (não contando Aristófanes) a existir depois de si próprio com Platão, com Antístenes, com Xenofonte, com Aristóteles, então, historiograficamente, o 'caso Sócrates' apresenta-se sob um duplo aspecto. Por um lado, há que dar-se conta de como é que historicamente se repercutiram, e porquê, um ou outro dos Sócrates dentro do âmbito da história do pensamento e da cultura ocidentais, desde logo a seguir a Aristóteles até Hegel sob um aspecto, e a Nietzsche e a Kierkegaard sob outro, e por outro lado, há que repercorrer os momentos através dos quais, em particular de Hegel em diante, se tentou, historicizando, analisando filologicamente as fontes, captar o Sócrates histórico, embora no fim se tenha chegado, historiando as fontes, através das fontes, a repropor Sócrates como problema, a evocar mediante os 'terrenos' em que ele frutificou, quais foram, presumivelmente, as 'sementes' de Sócrates. E também sob este segundo aspecto é necessário ter na devida conta a situação, a formação, a exigência, o ambiente de cultura, em que se moveram, de Zeller em diante, os historiadores, os estudiosos que procuraram reconstruir a figura e a posição histórica de Sócrates.

2. Quanto ao primeiro aspecto faltam estudos de conjunto, historicamente perspectivados, quer no que se refere a Sócrates na antiguidade (do séc. IV a.C. ao séc. VI d.C.: útil a lista dos autores antigos que falaram de Sócrates compilada por V. de Magalhães-Vilhena, *Doxografia socrática,* em apêndice a *Socrate et la légende platonicienne,* Paris 1952; para cada um dos estudos veja-se além disso, *Bibliografia*), quer no que se refere a Sócrates na Idade Média e no primeiro Humanismo. Embora só por alusões, sem qualquer pretensão de delineação histórica, podemos dizer que de um estudo sobre como Sócrates se repercutiu, de cada vez, na antiguidade, resulta claro que Sócrates assumiu vários rostos, conforme as épocas, as escolas, as situações culturais, pelo que ao sabor dos tempos assim se utilizou ou Platão, ou Antístenes, ou Xenofonte, ou Aristóteles. Em certos momentos é, assim, o Sócrates de Antístenes que, provavelmente através do cínico Crates, e interpretado dentro dos limites do Sócrates moralista de Xenofonte, assume um seu significado como indicação da vida do 'sábio' por parte de alguns estóicos (não é um mero acaso o facto de a tradição referir que Zenão de Cício se teria encaminhado para a filosofia lendo os *Ditos Memoráveis* de Xenofonte: cf. Diógenes Laércio, VII, 2-3); ou então, baseando-se no Sócrates dialéctico, aporético, antilógico, que ressalta de um certo Platão, insistiu-se num Sócrates que põe de lado toda a possibilidade de captar as coisas que estão para além do homem e que tudo permanece, por isso, dentro do âmbito do horizonte humano, num tipo de pesquisa sempre aberta, a que alguns platónicos reconduzem o próprio Platão (os académicos, de Arcesilau a Carnéades: sob este aspecto é de notável interesse a interpretação que os dois académicos Fílon de Larissa e Antíoco de Ascalona deram da história da Academia e da função tida por Sócrates, particularmente entendido como o fundador da discussão que se baseia na dúvida e na ignorância, isto segundo o que é referido por Cícero no *Lucullus* e no *Varro;* e igualmente interessante é que mesmo um discípulo de Zenão de Cício, Aríston de Quios, levando a consequências extremas a lógica do mestre, contra toda a passagem do plano da predicação ao plano das estruturas da realidade, aluda ao Sócrates que desliga o homem

de ordens e estruturas preestabelecidas e arbitrariamente projectadas para além do homem: cf. Eusébio, *Praeparatio evangelica,* XV, 62, 7, fr. 353 I Arnim). Por outro lado, apontando para o Sócrates moral e político, que pode revelar-se mais a partir de Platão que de Xenofonte, para o Sócrates que põe de lado toda e qualquer pesquisa sobre o ser e cuja sabedoria é sofrida conquista diária de uma medida que é medida de si por si e de si com os outros, para o Sócrates citadino, apareceu o Sócrates cuja filosofia é o próprio constituir-se da vida moral, na medida construção da cidade humana: e sem dúvida, sob este aspecto, muitas páginas da *Etica nicomachea* de Aristóteles são profundamente socráticas, tal como a própria moral epicurista (nesta mesma linha parece interessante recordar que Cícero, confessando basear-se em Platão, sublinha que Sócrates foi o primeiro que «fez descer a filosofia do céu, transferiu-a para as cidades, introduziu-a também nas casas e voltou-a no sentido de interessar-se pela vida e pelos costumes», procurando em todas as discussões, sopesando os *prós* e os *contras,* a «máxima verosimilhança», *Tusculanae disputationes,* V, 4; e que Séneca, no âmbito da sua pesquisa, orientada no sentido de captar a medida do homem, empenhado em constituir uma relação humana racional, insista no significado do Sócrates político: *De tranquilitate animi,* V, 1 e ss.). Será este — o Sócrates ético-político de Platão, o Sócrates ético de Aristóteles, o Sócrates de Cícero e de Séneca — que assumirá um particular significado no primeiro Humanismo: um Sócrates que juntamente com os outros constrói a cidade humana, que no seu estar sempre presente a si próprio se capta como harmonia, libertando-se das paixões, encaminhando-se assim a si e aos outros para a própria divindade colocada como medida ideal (cf. em particular Coluccio Salutati, *De fato,* II, 8, e a *Vita Socratis* de G. Manetti). Sobre esta mesma religiosidade mundana, sobre esta medida, mediante a qual libertar-se do imediato sensível, da passionalidade, numa vida vivida segundo a razão, tinham, aliás, já insistido Epíteto e Marco Aurélio, recortando em particular alguns textos de Platão e Xenofonte. Compreende-se bem como no classicismo tardio, se vá entretecendo ao Sócrates mundano e céptico, um Sócrates religioso, que tende a realizar nesta terra a função que deus (teoricamente desconhecido) lhe destinou. Assim, ao mesmo tempo que a partir do séc. II d.C. aproximadamente, o 'platonismo' foi interpretado de outro modo, numa colocação do homem dentro da ordem do todo, igualmente claro é como o próprio Sócrates é assumido de outro modo, recortando e explorando o Sócrates tal como ele se nos revela a partir de outros textos de Platão, insistindo no 'conhece-te a ti mesmo', interpretado, precisamente, com chave platónica: Sócrates tornou-se assim o descobridor da reflexão sobre si, através da qual, para além de si, captar as texturas em que o todo se divide. Sob este aspecto Sócrates e Platão representam como que duas etapas de uma espécie de itinerário da mente até Deus (cf. em particular Porfírio, *Il ritorno dell'anima a Dio,* ed. Bidez in *Vie de Porphyre,* 1913, anast., Hildesheim 1964, e Φιλόσοφος ἱστορία, fr. 10-12, ed. Nauck). Dentro desta linha, como é sabido, ou na tentativa de relacionar a cultura e a concepção greco-romana com a concepção cristã, ou na tentativa de captar as etapas temporais, históricas, através das quais a divindade se revelou aos homens, culminando em Cristo, compreende-se como, da parte cristã, em particular com Justino (cf. *Apologia I,* V, 3-4; *Apologia II,* X, 4-8) e com Clemente (cf. *Stromata,* passim), se vê em Sócrates, interpretado com base em Platão, aquele que preparou o cristianismo, o advento de Cristo, ele próprio, como Cristo, mártir pela sua fé. E assim, se por um lado, o 'não saber' de Sócrates é interpretado como a primeira afirmação do 'Deus desconhecido' paulino, por outro lado, o 'conhece-te a ti mesmo' é interpretado, platonicamente, como o primeiro apelo a reencontrar em si a verdade, a primeira luz de Deus. Tais os termos daquele que será chamado o 'socratismo cristão', que, através da interpretação que de Sócrates deram Orígenes e Santo Agostinho (cf. em particular *De Civitate Dei,* VIII, 3 e 5), continuará na Idade Média (ainda que, sob outro aspecto, na sua negação de toda a cultura clássica, o mesmo Sócrates seja considerado como extremamente perigoso por um Teófilo de Antioquia — *Ad Autolichum,* III, 2 —, por um Tertuliano, por um Lactâncio). Dentro deste âmbito, finalmente, não se esqueça o significado que se foi dando, quer através de Platão quer através de Xenofonte, ao *demónio* de Sócrates (o primeiro a insistir no *demónio* foi o aristotélico Dicearco de Messina; cf. fr. in ed. Wehrli), até que o demónio assumiu, em certos 'platonismos' dos sécs. II-III d.C., o valor de trâmite entre os homens e a divindade, como claramente se conclui de Plutarco *(De genio Socratis)* e de Apuleio *(De deo Socratis),* mas também, mais tarde, de Jâmblico, Siriano e Proclo, o qual procurava, aliás, distinguir o que era próprio de Sócrates — 'dramático e histórico' — do que era de Platão (cf. *Comentário* a *Alcibíades I de Platão*).

3. Tanto um estudo como o outro (os aspectos diversos como Sócrates é historicamente apresentado na antiguidade e na Idade Média) seriam bastantes sugestivos e indicariam não poucas linhas para entender não só os vários rostos (cada um deles verdadeiro, no seu âmbito histórico) com os quais se constituíu a 'lenda' socrática, mas também o que de cada vez significou Sócrates em época mais recente, do Sócrates de Ficino ao «São Sócrates» de Erasmo, do Sócrates de Montaigne até ao Sócrates de Bayle, de Voltaire, de Rousseau (cf. R. Trousson, *Socrate devant Voltaire, Diderot et Rousseau, la conscience en face du mythe,* Paris 1967) e ao Sócrates iluminista que é retomado sob todos os aspectos de fundo que já vimos atrás, pelo que se fez de Sócrates um pietista, ou um livre pensador, um lógico dialéctico ou um deista. Para os vários aspectos com que Sócrates se apresenta no séc. XVIII remetemos para o óptimo trabalho de B. Bohm, *Sokrates im* 18. *Jahr.: Studien zum Werdegang des modernen Personlichkeitsbewsstseins,* Leipzig 1929 (anast., Neümunster 1966). Se, por outro lado, não podemos passar em silêncio o Sócrates, intelectualista e inspirado em Xenofonte, apresentado por Brucker (*Historia philosophiae,* II, Leipzig 1742), e aquela paradigmática e a-histórica reconstrução de um Sócrates iluminista de Mendelssohn (*Leben und Charakter des Sokrates als Einleitung zur seiner Phaedo,* Berlim 1767), «daquele filósofo popular de convicções moderadamente deistas — escreve Maier, 1913 —, daquele nobre e virtuoso filantropo, que acabou por cair vítima de uma despudorada liga de teólogos hipócritas e de sofistas negadores de Deus», também não podemos ignorar — como sublinha Maier — o Sócrates dos kantianos, aquele criticista que com a sua dialéctica e com a sua moral foi o educador filosófico de Kant, ou o Sócrates dos românticos, aquele sonhador reaccionário, aquele místico embebido de fé religiosa (veja-se em particular o Sócrates de G. Hamann, 1759, que é, na realidade, a violenta reacção do *Sturm und Drand* contra o *Aufklärung;* vejam-se também os Sócrates apresentados por Jacobi, Herder, Klopstock), que foi chamado pela Providência para preparar os doutos para Cristo. Para uma história da historiografia socrática e das interpretações do significado de Sócrates no séc. XIX e na primeira metade do séc. XX são bastante úteis o ensaio de P. Rossi («Per una storia della storiografia socratica», in *Problemi di storiografia filosofica,* Milão 1951) e os trabalhos de V. de Magalhães-Vilhena (*Socrate et la légende platonicienne,* Paris 1952, e *Le problème de Socrate: le Socrate historique et le Socrate de Platon,* Paris 1952). Em

oposição ao Sócrates dos românticos, inspirado em Xenofonte e místico, moralista e reaccionário, Hegel (*Vorlesungen über die Geschichte der Philosophie,* Berlim 1833, tr. it., vol. II, Florença 1932) contrapõe, com energia, um Sócrates imerso no seu tempo, que através do seu racionalismo e da sua pesquisa individual, do seu apelo a sermos nós próprios, se opõe ao seu tempo e o põe em crise, choca contra um costume de que acaba por ser vítima, embora transformando aquele costume, cuja oposição irá concretizar-se em Platão-Aristóteles. Hegel fazia assim reentrar Sócrates nos termos da dialéctica com base na qual se ritma a história do pensamento e por isso da humanidade e do mundo. Portanto, para Hegel (numa sua peculiar interpretação de Platão no que se refere à personalidade e ao método de Sócrates; de Xenofonte acerca do conteúdo do seu saber e da maturidade do seu pensamento; de Aristóteles no que se refere à definição do universal, o 'conceito', em termos hegelianos), Sócrates representa tragicamente a 'figura' do subjectivo, o primeiro momento da autoconsciência, o 'conceito' abstracto, o momento da moralidade, na contraposição dos direitos. Embora o Sócrates de Hegel se perca no rígido esquema dialéctico hegeliano, indubitavelmente Hegel sente em primeiro lugar a necessidade de estudar Sócrates no seu tempo («Sócrates não despontou da terra como um cogumelo», *Vorlesungen* cit., tr. it., II, p. 40), dentro do âmbito de uma época que também foi um momento da história da humanidade. E será através de Hegel, embora contra Hegel, que virão a iniciar-se os estudos históricos sobre Sócrates. Sob outro aspecto, é exactamente em oposição a Hegel que vem ganhando significado o Sócrates de Kierkegaard *(Der Begriff der Ironie; A Doença Mortal)* e, negativamente, o Sócrates de Nietzsche (cf. para as passagens em que Nietzsche cita Sócrates nas *Werke,* R. Oehler, *Nietzsche-Register,* Estugarda 1943, pp. 425-8).

Para Kierkegaard, tal como para Hegel — diz Rossi —, Sócrates é a afirmação da subjectividade, da personalidade, da interioridade contra um mundo de costume tradicional e de dogmatismo colectivo que anula, numa pretensão de total objectivismo, a ânsia de vida e de procura da pessoa; mas enquanto que em Hegel a afirmação da subjectividade socrática (como negação sofística) esperava ser resolvida na superior objectividade do estado platónico, em Kierkegaard (eliminada esta exigência de síntese) ela coloca-se como a afirmação radical da absoluta negatividade da razão. Tal afirmação coincide, em última análise, com o próprio esforço que Sócrates faz para sair daquela crise, representada pela sofística, que dissolvia num arbitrário relativismo a sacralidade de um costume a que durante séculos se tinha confiado a vida da grecidade; mas a grandeza de Sócrates não está, para Kierkegaard, no pressentimento daquela nova realidade ética que será teorizada pelo idealismo platónico, mas precisamente na sua ironia destruidora, na recusa de todo o elemento dado e objectivo da vida ética em nome de uma problematicidade e de uma procura que se reconhecem como infinitamente e paradoxalmente abertas (*op. cit.*, pp. 97-8).

Para Kierkegaard, com Sócrates, na sua singularidade, que irrompe contra toda a banal objectividade de costumes, no seu não saber, em que naufraga todo o esforço da razão universal, revela-se o drama da existência, que se torna consciente na ironia, mediante a maiêutica e a dialéctica, que não pode resolver-se platonicamente nem com as definições nem com os mitos, mas no salto qualitativo da fé (compreende-se como Kierkegaard em oposição ao Sócrates 'filósofo' e não dramático de Platão, e ao Sócrates moralista, burguês, utilitarista e banal de Xenofonte, prefira o Sócrates de Aristófanes, que com a sua caricatura, teria captado o 'vazio' em que Sócrates assentava). Se Hegel, em função dos momentos dialécticos através dos quais se desenrola a história do Espírito, aponta, mediante Platão, Xenofonte e Aristóteles, para a face socrática do racional como autoconsciência e do 'conceito'; e se, pelo contrário, Kierkegaard, recortando outros textos platónicos e de Aristófanes, aponta para o Sócrates indivíduo, para o não saber de Sócrates, que representaria o próprio fracasso da razão, e que, portanto, leva à irracionalidade e à fé; Nietzsche, negando que a razão socrática seja aquela de que fala Hegel, e negando que o não saber de Sócrates possa reduzir-se à exaltação do irracional, e mais, que o não saber metafísico, transformando-se no saber moral, leve a uma razão não dada, mas fruto do mesmo discurso humano, em que, no controlo de si e na razoabilidade se perde o indivíduo como tal, com toda a sua carga instintiva e irracional, criadora, defende que Sócrates é o responsável pela primeira decadência e corrupção da humanidade, do puro, espontâneo e instintivo mundo originário grego. Sócrates, mediante a razão, a reflexão de si sobre si, o demónio (instinto), que não impele mas detém, a conquistada medida, o sorriso irónico sobre a vida passional, a relação com os outros que se traduz em equilíbrio razoável, teria, para Nietzsche, negado a vida, o indivíduo criador e dionisíaco, a vida inimitável, teria morto, em nome do apolíneo, Dioniso.

Hegel — escreve Rossi — fizera de Sócrates o herói de um drama universal, a incarnação de um destino que, na sua tragicidade reflectia a tomada de consciência de uma crise da qual a alma grega devia sair profundamente transformada; Kierkegaard tinha enaltecido a personalidade irónica de Sócrates num plano meta-histórico, fazendo dele o símbolo daquela negatividade da razão que era para ele momento essencial para o abrir-se da consciência ao mistério da fé; Nietzsche tinha pregado Sócrates ao seu racionalismo e, em nome da vida e do instinto, tinha-o condenado como matador da tragédia e como o negador daquele comportamento trágico que é, para o homem, a única atitude possível perante a vida (*op. cit.*, p. 113).

Embora no contraste, embora no quadro de concepções diversas, os 'Sócrates' de Hegel, de Kierkegaard, de Nietzsche, se por um lado, correspondem a aspectos precisos da conclusão da história do pensamento, tal como ela se foi constituindo no Ocidente, com origem precisamente na chamada filosofia grega, por outro lado, captam, ainda que unilateralmente, os muitos rostos com que, numa determinada situação histórica e cultural se foi apresentando Sócrates, como resulta das 'fontes', que são as primeiras a pôr o 'problema Sócrates'. Daqui, já dentro do âmbito de Hegel e do seu apelo à história, o deslocar-se da problemática sobre Sócrates, da reconstrução de um Sócrates, sob um aspecto ou sob outro, 'figura' quer de um ideal de vida, quer de uma filosofia, quer de uma 'sageza', ou então 'figura' dos momentos da dialéctica da vida humana (ainda que de modos diversos, são no entanto sempre momentos da dialéctica do constituir-se do homem os 'Sócrates' de Hegel, de Kierkegaard, de Niettzsche, para não falar também dos 'Sócrates' dos Boutroux e dos Bergson), para a procura daquele que foi o Sócrates 'histórico', o 'verdadeiro' Sócrates, que, inevitavelmente, implicava a análise das 'fontes', o crivo da atendibilidade ou não deste ou daquele testemunho, na maioria das vezes, como vimos, em contraste, ou melhor, que vão apresentando muitos Sócrates divergentes entre si se não mesmo opostos, inclusivamente nas notícias relativas à sua vida. É verdade que o grande problema, no caso de Sócrates, nascia, e nasce, do facto de que se, como foi sublinhado por Zeller, o valor dos testemunhos se calcula com base no seu acordo ou desacordo com o Sócrates histórico, como havemos de fazer — perguntou-se — para julgar da verdade histórica do retrato de Sócrates a não ser com base nos testemunhos (o primeiro a por-se sistematicamente o problema da crítica das fontes para conseguir delinear o 'verdadeiro' Sócrates foi A. Stapfer, *De philosophia Socratis* 1786) que consideramos ou não dignos de fé? Tal foi desde Stapfer e de Zeller o problema sobre que assentou a historiografia socrática contemporânea (para não falar daqueles estudiosos, ou pseudo-estudiosos, que alinhavam solitários colóquios com Sócrates e discutem sobre o eterno Sócrates portador de uma eterna verdade a contrapor ao eterno erro, numa pseudo-actualidade de Sócrates: lembremos entre todas, pela sua sinceridade, a obra de R. Guardini, *Der Tod des Sokrates,* tr. it., Milão, 1948).

4. Para uma história da historiografia socrática desde Zeller até meados do séc. XX, podem agora estabelecer-se, embora esquematicamente e por ordem histórica, três linhas. A primeira, que vai de Zeller aos primeiros anos do séc. XX, em que, mediante a análise das fontes, privilegiando, conforme o autor e a sua concepção, mais uma fonte que outra, se procura reconstruir a personalidade e a 'filosofia' de Sócrates; a segunda e a terceira que se desenrolaram quase paralelamente dos primeiros anos de 1900 até 1950.

Se já com Schleiermacher («Ueber den Wert des Sokrates als Philosophen», in *Abhand. Berlin Akad.,* 1818), apontando para os testemunhos de Aristóteles, Sócrates é considerado o fundador da filosofia como 'ciência', aquele que deu início às grandes concepções racionalistas posteriores, foi com Zeller (*Die Philosophie der Griechen,* II, Tubinga, 1846) que, na esteira do Sócrates de Hegel, se fez de Sócrates o descobridor do 'conceito', o defensor de uma moralidade que só o será se se fundar na ciência. Sócrates não teria chegado a tanto — e isso é testemunhado pela sua aporeticidade, pela sua não sistematicidade —, mas teria colocado as bases (e Zeller utiliza claramente as indicações de Aristóteles) daquelas que viriam a ser as filosofias de Platão e de Aristóteles. «Sócrates — escrevia Zeller — procura a ideia, Platão descobre-a e adquire a sua clara posse e plena intuição. As suas ideias são os conceitos gerais de Sócrates, destacados do mundo dos fenómenos [...]. Sócrates é o germe fecundo, Platão a rica inflorescência, Aristóteles o fruto já maduro da filosofia grega chegada ao apogeu do seu desenvolvimento histórico». É claro que, dentro dos limites de tal esquema, Zeller via nos chamados socráticos menores «tentativas imperfeitas». Assim, Zeller ia recortando textos dos diálogos platónicos, em que se torna mais nítida a determinação da 'dialéctica' como encaminhamento mediante o qual chegar à *definição,* e textos aristotélicos que interpretam aquela dialéctica em função da definição do universal, condição para que sejam possíveis discursos científicos. Na esteira de Zeller colocaram se, sublinhando o valor do testemunho aristotélico, pondo de lado a fonte de Xenofonte, e assumindo de Platão o que podia levar a ver em Sócrates o fundador da ciência, R. Pöhlmann (*Sokrates und sein Volk,* Munique-Leipzig, 1899, e *Sokratische Studien,* Munique, 1906) e K. Joël (*Der echte und der xenophontische Sokrates,* Berlim, 1893-1901, com um óptimo exame crítico da fonte de Xenofonte). É verdade que a reconstrução (possível se se ler Aristóteles numa certa perspectiva e como 'superação' do platonismo) de um Sócrates fundador do 'conceito' e da filosofia científica (não sem razão se ao *saber* socrático se der um certo significado), excluía todo um outro aspecto do 'socratismo' que também se manifesta a partir de Platão e de Xenofonte: o aspecto ético-prático, o Sócrates reformador moral e político (veja-se em tal sentido A. Döring, *Die Lehre des Sokrates als soziales Reform-system,* Munique, 1895, que se baseia em Xenofonte). Dentro destes termos, privilegiando em particular Xenofonte e Platão, onde Platão parece coincidir com Xenofonte, ir-se-á reconstruindo um Sócrates moralista, o homem que convida à «rectidão da consciência moral», que só pode basear-se «em convicções de natureza inteiramente religiosa e numa declarada tendência pedagógica». São palavras de A. Labriola, que num seu muito perspicaz e equilibrado ensaio sobre Sócrates (*La dottrina di Socrate secondo Senofonte, Platone ed Aristotele,* «Atti della R. Accademia di Scienze morali e politiche di Napoli», 1871, e *Socrate,* sob a direcção de B. Croce, Bari, 1909), reconstrói, precisamente, baseando-se em Xenofonte, um Sócrates mais que reformador político, educador da consciência moral; e assim, sob outro aspecto, baseando-se sempre em Xenofonte, aparece o Sócrates delineado por Th. Gomperz (*Griechische Denker,* Leipzig, 1893): um Sócrates que, através do seu apelo aos valores morais, subvertidos pela crise sofista, tende, dando-se conta disso, a uma reforma do costume, numa concepção de carácter utilitarístico-social. No mesmo plano, privilegiando Xenofonte, se coloca também E. Boutroux (*Socrate fondateur de la science morale,* Paris, 1897), que por um lado insiste sobre Sócrates despertador das consciências, e por outro lado sobre Sócrates que, mediante a sua pesquisa e a sua problemática, tende, independentemente de uma consciência teorética, a colocar os fundamentos de uma ciência moral.

Por outro lado, uma série de estudos particulares sobre cada uma das fontes (cf. adiante *Bibliografia*) e sobre os chamados «socráticos menores», o estudo sobre a cronologia dos diálogos platónicos (donde o problema de distinguir aquilo que em Platão é socrático daquilo que é próprio de Platão), levavam a diferenciar melhor uma fonte da outra. E assim a reconstrução da posição de Sócrates fundada em 'fontes' isoladas, unilateralmente, ou num forçado e ecléctico remendo dos testemunhos, feito de forma nem crítica nem histórica (neste sentido vejam-se os *Sócrates* de C. Piat, Paris, 1900, e de G. Zuccante, Turim, 1909), explicavam o círculo vicioso em que, de um modo ou de outro, se tinha caído julgando encontrar o 'verdadeiro' Sócrates através das fontes (afastando aqueles textos que não correspondiam a uma sua prefiguração), discutindo a sua validade mediante aquilo que antecipadamente se cria ter sido o 'verdadeiro' e 'histórico' Sócrates.

5. Nessa perspectiva vieram a considerar-se as próprias fontes historicamente, para se estabelecer como, por exemplo, tinham podido nascer *As Nuvens* de Aristófanes (geralmente postas de lado, vendo-se nelas apenas uma caricatura de Sócrates ao mesmo tempo físico e sofista) e, seguidamente, em outra situação, em outro ambiente, em outras condições culturais e políticas, as reconstruções de Platão, de Antístenes, de Ésquines de Esfeto, de Euclides, de Aristipo e, mais tarde, a apresentação de Sócrates por parte de Xenofonte e, depois, na esteira de Platão, o Sócrates de Aristóteles. Daqui, dentro das componentes da historiografia socrática contemporânea, as outras duas linhas interpretativas de que falávamos e que se iniciaram dos primeiros anos de '900 em diante. No âmbito da primeira linha procurou-se, através das fontes, estudando o momento histórico de cada uma, as derivações de umas em relação às outras, o seu serem ou não interpretações, evocar qual terá sido a problemática colocada por Sócrates dentro dos parâmetros do seu tempo, os possíveis muitos rostos deste homem, que frutificaram, cada um a seu modo, nos seus intérpretes imediatos. Dois notáveis estudiosos ingleses de Platão e do pensamento antigo, filólogos de primeira água, Burnet e Taylor, tinham chegado em 1911 (J. Burnet, *Plato's Phaedo,* Oxford, 1911; A. E. Taylor, *Varia socratica,* Oxford, 1911), através de uma minuciosa análise das fontes, a defender como historicamente não atendíveis quer o testemunho de Aristóteles quer o testemunho de Xenofonte vindos muitos anos depois da morte de Sócrates e, na realidade, construídos da parte de um e do outro em função da sua concepção, com base nos diálogos do próprio Platão. Seguidamente, em 1913, H. Maier (*Sokrates*

cit.), com argumentos filológicos e históricos inobjectáveis demonstrava que o Sócrates de Xenofonte já não tinha nada a ver com o Sócrates histórico, e que, onde Xenofonte podia coincidir com Platão, onde se manifestava uma 'filosofia' de Sócrates, na realidade Xenofonte inspirava-se no Platão já maduro, tal como na sua exposição do significado da dialéctica socrática Aristóteles, por sua vez, repisava Platão. Quer para Burnet quer para Taylor, quer ainda para Maier, portanto, chegando embora uns e o outro a conclusões muito diferentes, o único testemunho atendível, ou melhor, o único intérprete crítico da problemática colocada, num preciso momento, por Sócrates, só podia ser Platão.

Na historiografia socrática continua a ser fundamental a obra de Maier. Maier conseguiu, com eficácia e perícia filológica, apresentar a figura de Sócrates despojada de construções filosóficas elaboradas *a posteriori,* reconduzindo-a, dentro das possíveis e asseguráveis fontes, a uma única dimensão histórica, numa convincente tentativa de captar o significado do homem Sócrates e daquele que foi o seu lugar na história, para concluir, no fundo, que «a 'filosofia' a que Sócrates dedicou a sua vida não é metafísica, dogmática ou céptica, nem lógica, nem ética, nem retórica; em substância, não é ciência, e muito menos ciência 'popular'. Ela é pesquisa de vida ética pessoal». Maier apresenta a figura de um homem actuante no seu tempo, que teria dado uma consciência ética ao homem, donde a sua problemática e a sua eficácia social de significado universal, sobretudo através do reflexo que Sócrates teve na obra de Platão. Indubitavelmente, quer se aceite quer não, o estudo de Maier foi uma passagem obrigatória para todos aqueles que, depois, procuraram reconstruir a figura de Sócrates.

E assim, uma passagem obrigatória pela crítica socrática foi o ensaio sobre *Sócrates* de Taylor, publicado em Londres, em 1933 (tr. it,, Florença, 1952, 2.ª ed. 1959), onde são tiradas as conclusões de um longo trabalho de pesquisa iniciado em 1911 (cf. em particular: «Parmenides, Zeno and Socrates», in *Proceedings in the Aristotelian Society,* N.S,, XIV, 1915-16; «Plato's Biography of Socrates», *Proceedings in the British Academy,* 1917; veja-se também «Socrates», in *Encyclopaedia Britannica,* Londres 1936). Na esteira de Burnet, depois de ter defendido que a única fonte atendível é a platónica, e que Platão nos seus diálogos, à excepção dos muito tardios, reconstrói a história do pensamento socrático, Taylor, através de uma minuciosa pesquisa sobre os dados biográficos de Sócrates e sobre o ambiente em que Sócrates se terá ido formando, revalorizando também *As Nuvens* de Aristófanes, distingue três momentos na história de Sócrates: o primeiro, em que Sócrates teria estado ligado às novas pesquisas no campo da física (e isso explicaria a caricatura de *As Nuvens*), anterior à guerra do Peloponeso; o segundo, durante a primeira fase da guerra do Peloponeso, em que, depois da crise sofrida por causa do oráculo de Delfos (como se apreenderia de Platão), Sócrates, abandonadas as investigações de física, ter-se-ia proposto o problema da vida moral e política, cujo fundamento, num terceiro momento, ele teria encontrado na alma, tal como se conclui dos diálogos platónicos da maturidade. Para Taylor, afinal, grande parte de Platão é o próprio Sócrates, incluindo a doutrina da alma, a das ideias e da divindade, donde a religiosidade de Sócrates, o seu demónio, os seus arrebatamentos místicos, de que Platão fala, numa ascese, não ritual como a dos Órficos, mas, numa interpretação do orfismo, ética do homem. Extremamente sugestivo, o ensaio de Taylor esclarece muito bem que houve momentos diferentes do pensamento socrático, embora sob muitos aspectos (em particular a redução de Platão a Sócrates, pela qual, na realidade, é Sócrates quem desaparece) seja muito discutível (tanto mais quanto Taylor passa em silêncio muitas doutrinas platónicas que se revelam em nítido contraste com outras doutrinas que Platão faz expor a Sócrates, e na medida em que Taylor não esclarece qual tenha sido de facto a génese e a história do pensamento de Platão; por certo nem sempre igual a si próprio).

O Sócrates de Maier (1913) propôs à atenção dos historiadores a necessidade de aprofundar o conhecimento do ambiente em que Sócrates teve a sua função precisa, numa configuração ético-política, social e pedagógica de Sócrates na formação da consciência moral do homem, que é tal enquanto se realiza a si e aos outros razoavelmente. Dentro destes parâmetros, são de notável importância as páginas dedicadas a Sócrates por J. Stenzel e por W. Jaeger (Stenzel: *Sokrates,* in Pauly-Wissowa, *R.E.,* 1927; *Plato der Erziehr,* Leipzig, 1928, tr. it,, Bari, 1966; Zur Logik des Sokrates, in *Studien zur Entwicklung der platonischen Dialektik von Sokrates zu Aristoteles,* Leipzig-Berlim, 1931; W. Jaeger, *Paideia,* I, Berlim, 1934, e II, 1944: tr. it,, Florença, 1935, 1954), pelos quais, além de outras coisas, não foram esquecidos os anos em que escreveram, e a sua tomada de posição relativamente à dramática situação da Alemanha, que prenunciava a chegada de Hitler; assim, ainda na esteira de Maier, Chr. Schrempf (*Sokrates: seine Personlichkeit und sein Glaube,* Leipzig,

1927) aprofundou a pluralidade dos aspectos, mesmo contraditórios, da personalidade de Sócrates. Dentro destes mesmos termos, para um aprofundamento do humanismo socrático no âmbito da situação social e política de Atenas, seguindo o modelo de Maier, numa reconstrução, mais que de uma 'doutrina' socrática, do ambiente cultural que explica a personalidade de Sócrates, o seu empenhamento e a sua morte, assumem particular interesse as páginas dedicadas a Sócrates por G. Bastide (*Le moment historique de Socrate,* Paris, 1939) e por A. Banfi (*Socrate,* Milão, 1943). E também aqui devem ser consideradas as datas destas obras, nascidas num clima político preciso, e o seu apelo à restauração de um mundo baseado no respeito recíproco, numa harmonia de razões, num elogio da razão, único fundamento para uma vida associada (sob este aspecto vejam-se também os ensaios de A. Levi, «Sul pensiero di Socrate», in *Studi di filosofia greca. Publicazione in onore di R. Mondolfo,* Bari, 1950, e de G. M. Bertin, «Socrate e le scuole socratiche minori», in *Grande antologia filosofica,* I, Milão, 1954).

Por outro lado, o Sócrates de Taylor propôs à atenção dos historiadores, não só o estudo do 'momento histórico' de Sócrates, mas também a possibilidade de captar aspectos diversos, dentro de precisas atmosferas culturais e políticas, na formação e no modo de comportar-se de Sócrates em relação à sua cidade. Este é um ponto firme (sejam quais forem as conclusões tiradas por outros estudiosos, diferentes das de Taylor) que levou, em particular, a uma retomada do estudo de *As Nuvens* de Aristófanes (cf. adiante *Bibliografia*), ainda que, como também aconteceu (cf. *Prefazione* de P. Rossi à tr. it,, Florença, 1952, 1969[2] do *Sócrates* de Taylor), Platão venha a ser identificado com Sócrates, e apareça a figuração de um Sócrates místico em contraste com um Sócrates mundano e comprometido dentro dos limites do horizonte humano (sobre essa faceta de Sócrates e sobre o consequente dualismo religioso socrático, que teria as suas primeiras origens no misticismo órfico, como sublinhara Taylor, se moveu P. Martinetti, para o qual Sócrates é indiferente à vida política, inteiramente ocupado como está em delinear a alma e a razão como «realidades religiosas que ligam o indivíduo com um mundo transcendente»: «Socrate», *Rivista di Filosofia,* 1939: in *Ragione e Fede,* Turim, 1942, pp. 409-54; para uma interpretação religiosa de Sócrates cf. também A. Kenion Rogers, *The Socratic Problem,* New Haven, 1933).

6. A obra de Maier, ao apresentar um Sócrates problemático, vivo e concreto num determinado ambiente, acabava por concluir não só que há uma 'filosofia' de Sócrates, mas que, no fundo, precisamente isso não permite — dadas também as muitas interpretações de Sócrates que se podem deduzir das fontes — agarrar a real historicidade de Sócrates (mais, o significado do socratismo estaria exactamente aqui, no ressuscitar, sempre, em quem tente aproximar-se dele, problemas e dúvidas, o convite a sermos nós próprios). Então, evidentemente, a partir do momento em que uma rigorosa pesquisa científica das fontes, não só não permite reconstruir uma doutrina de Sócrates, mas nem sequer documentar uma precisa figura de homem, e que os próprios diálogos socráticos de Platão, incluindo a *Apologia,* se revelam como interpretações, compreende-se que tenha havido quem, embora não negando que tenha existido um certo Sócrates, tenha negado a pretensão de uma reconstrução histórico-objectiva de Sócrates. Daqui a outra linha interpretativa, que dizíamos ter-se desenvolvido paralelamente à primeira. Tal tese 'agnóstica', como foi chamada, remonta à notável obra de E. Dupréel, *La légende socratique et les sources de Platon* (Bruxelas, 1922), em que se declara que Sócrates não é mais que uma figura lendária, uma construção de Platão, por detrás do qual se movem doutrinas e ambientes culturais postos em discussão (particularmente doutrinas e ambientes culturais no âmbito da sofística). E assim um símbolo e uma lenda, que podem usar-se ao sabor da sua própria concepção, é o que acabam por ser os Sócrates de E. Wolff (*Platos Apologie,* Berlim, 1922), de K. Kukn (*Sokrates,* Berlim, 1934) e, em época mais recente, o trabalho de A. Tovar, *Socrate,* Paris, 1954[2]. Esta tese 'agnóstica' foi levada às suas consequências extremas por O. Gigon, no seu *Sokrates. Sein Bild in Dichtung und weschichte,* Berna, 1947. Gigon, através de uma severa e rigorosa análise filológica de todas as fontes, defende que nenhuma delas dá a possibilidade de reconstruir uma filosofia de Sócrates, pelo que Sócrates não é mais que um símbolo, por detrás do qual provavelmente não existe um Sócrates real, mas uma figura ideal que cada qual, ao sabor das suas exigências e problemas, poeticamente evocou, de modo que mesmo que Sócrates não tivesse existido, as várias componentes ditas socráticas teriam sido o mesmo, pois que o socratismo derivaria das obras dos sofistas e dos eleatas mais tardios, tornando-se depois forma literária já antes de Platão (sob este aspecto veja-se também M. Cohen, «The Logical Background of Plato's Writing», in *Journal of Philosophy,* 1969, pp. 111-41). O estudo de Gigon,

viciado como justamente afirmou J. Patocka («Remarques sur le problème de Socrate», in *Revue philosophique,* 1949, p. 185), pelo facto de ainda se ir procurar uma *filosofia* de Sócrates, no sentido assumido depois de Sócrates, e pelo facto de, como sublinhou C. De Vogel («Une nouvelle interprétation du problème socratique», in *Mnemosyne,* 1951, pp. 30-9), as fontes serem estudadas indiscriminadamente e, acrescentamos nós, não terem sido suficientemente historicizadas: houve o mérito de propôr à atenção dos historiadores, por um lado, o inútil esforço de procurar um Sócrates que seja feito à nossa imagem e semelhança, se não se quiser cair no romanceado; por outro lado, que cada *fonte* deve ser situada no seu tempo, assumida dentro dos limites daqueles que foram os reais e concretos problemas do seu autor, para reconstruir primeiro que tudo situações culturais, ambientes, condições históricas, situações e polémicas políticas (e isto é válido não só para Platão, Xenofonte, Aristóteles, mas também para Aristófanes, e na medida do possível para os chamados socráticos menores). Tal a perspectiva em que se colocou a historiografia socrática de 1950 em diante, como claramente se manifesta a partir das duas notáveis obras de V. de Magalhães-Vilhena (*Socrate et la légende platonicienne* cit. e *Le problème de Socrate. Le Socrate historique et le Socrate de Platon,* Paris, 1952; sobre o significado historiográfico da obra de Magalhães-Vilhena cf. C. De Vogel, «The Present State of the Socratic Problem», in *Phronesis,* 1955, pp. 26 e ss.; mas de De Vogel veja-se também «Who was Sokrates?», in *Journal of the History of Philosophy,* 1963, pp. 143-61). «Para se ter uma ideia — escreve Magalhães-Vilhena — da importância do acontecimento que foi Sócrates, há que dar-se conta daquele que se tornou o seu pensamento nos ramos mais vigorosos do socratismo, há que medir no seu justo valor a existência e o valor dos mòvimentos que dele nasceram. Assim, o problema do *Sócrates histórico* tornou-se em toda a sua amplitude o *problema histórico do socratismo:* o que, então, restitui um sentido preciso e eficaz aos esforços do historiador, aparentemente desesperados» (*Le problème de Socrate* cit., p. 13). Depois da obra de Gigon e de Magalhães-Vilhena, os estudos socráticos dirigiram-se, precisamente, por um lado, para análises particulares das fontes, procurando situá-las e enquadrá-las historicamente (cf. adiante *Bibliografia*), por outro lado, para reconstruir, não privilegiando nenhuma fonte, como e porquê nasceu, em cada caso, o significado (positivo ou negativo) de Sócrates (cf., por exemplo, o *Sócrates* de Mondolfo, Buenos Aires, 1955), como é que o mito Sócrates nasceu no entanto de um homem particular, que viveu numa situação histórica particular, dando lugar, em outras condições históricas, políticas, psicológicas, aos muitos Sócrates (cf. A. H. Chroust, *Socrates. Man and Myth,* Londres, 1957, em que são particularmente estudados os testemunhos de Xenofonte; M. Sauvage, *Socrate et la conscience de l'homme,* Paris, 1960; M. Meunier, *La légende de Socrate,* Paris, 1965). Não é por acaso que J. Humbert, retomando em exame o 'estado da questão', num seu livro sobre Sócrates *(Socrate et les petits socrates),* publicado em Paris em 1967, sublinha que, sendo embora, indubitavelmente, o Sócrates de Platão um mito, tal como o de Xenofonte ou o de Aristófanes (a que Humbert dá a maior importância), todavia «mesmo actuando com base nesta fugidia matéria, podemos, na condição de fazer o esforço necessário, mas sem nada deixar cair destas lendas, tentar captar o ponto focal de que partiram tantos raios divergentes» (pp. 5-6), embora, acrescentamos nós, esses raios divergentes assumam um particular significado desde que continuamente se refiram aos vários aspectos com que Sócrates é apresentado por Platão, sem o qual, talvez, Sócrates não teria sido o que foi e o que frutificou.

BIBLIOGRAFIA

I. *Bibliografia socrática*

Repertórios bibliográficos: F. Ueberweg-K. Praechter, *Grundriss der Geschichte der Philosophie,* I, Berlim, 1926[12] (anast. Basel, 1953); S. Lambrino, *Bibliographie de l'antiquité classique de 1898 à 1914,* Paris, 1951; J. Marouzeau, *Dix années de bibliographie classique... pour la période de 1914-1924,* 2 vols., Paris, 1927-28; J. Marouzeau, *L'année philosophique,* de 1924 em diante anual, Paris, 1926 e ss.; *Bulletin d'histoire de la philosophie ancienne,* publicação anual em «Revue des Sciences philosophiques et théologiques»; *Répertoire bibliographique de la philosophie,* trimestral, Lovaina, 1949 e ss.; O. Gigon, *Antike Philosophie,* fasc. V., *Bibliographische Einführungen in das Studium der Philosophie,* Berna, 1948; G. A. De Brie, *Bibliographia philosophica 1934-1945,* Utreque, 1950-54; W. Totok, *Handbuch der Geschchte der Philosophie, I Altertum,* Francoforte do Meno, 1964; F. Adorno, *Il pensiero greco. Orientamenti bibliografici,* Bari, 1969.

Cf. em particular para uma bibliografia sobre Sócrates: S. Ribbing, *Sokratische Studien,* Upsala, 1870 (vol. I, pp. 3 e ss.); A. Döring, *Die Lehre des Sokrates als soziales Reformsystem,* Munique, 1895, pp. 5 e ss.; B. Croce, *Avvertenza dell'Editore* al *Socrate* di A. Labriola, sob a direcção de B. C., Bari, 1909 (o elenco limita-se aos trabalhos italianos); P. K. Bizoukides, 'επιστημονικαὶ πηγαὶ περὶ Σωκράτονς', Leipzig, 1921: a mais vasta bibliografia, até 1920; J. Stenzel, *Sokrates,* in Pauly-Wissowa, *R. E.,* Estugarda, 1927; V. de Magalhães-Vilhena, *Le problème de Socrate. Le Socrate historique et le Socrate de Platon,* Paris, 1952 (ampla bibliografia de cerca de 1 600 títulos); J. Humbert, *Socrate et les petits socratiques,* Paris, 1967 (bibliografia escolhida).

II. *Fontes e testemunhos: edições e traduções. Bibliografia crítica das fontes*

Aristófanes: *As Nuvens* (cf. também *As Aves, As Rãs*); a principal edição das comédias de Aristófanes é a de V. Coulon, com tr. fr. de H. Van Daele, 1-5, in «Coll. des Univ. de France», Paris, 1923-30. Em tr. it. vejam-se as *Commedie* sob a direcção de B. Marzullo (da tr. it. de Marzullo nos servimos nós), Bari, 1968. Para *As Nuvens* vejam-se as interpretações de W. Schmid, *Das Sokratesbild der Wolken,* in «Philologus», XCVII, 1948, pp. 209 e ss. e de H. Erbse, *Sokrates im Schatten der aristophanischen Wolken,* in «Hermes», LXXXII, 1954, pp. 385 e ss. (cf. também A. Leski, *Geschichte der griechischen Literatur,* Berna, 1957-8, tr. it., II, Milão, 1962). Positiva ou negativamente, foi dada particular importância, para uma interpretação de Sócrates, a *As Nuvens* de Aristófanes de G. Grothe, *De Socrate Aristophanis,* Utreque, 1843; E. Du Meril, *Aristophane et Socrate,* in «Mélanges Archéologiques et Littéraires», Paris, 1850; Ch. H. Bertram, *Der Sokrates des Xenophon und der des Aristophanes,* Magdeburgo, 1865; A. Peters, *De Socrate qui est in Atticorum antiqua comoedia,* Leipzig, 1869; A. Ckiappelli, *Il naturalismo di Socrate e le prime Nubi di Aristofane,* in «Rendiconti dell' Accademia dei Lincei», 1886, pp. 284-302; H. Böck, *Der unverfalschte Sokrates,* Innsbruck, 1903; H. Röck, *Aristophanischer und geschichtlicher Sokrates,* in «Arckiv für Geschichte der Philosophie», XVIII, 1912, pp. 175-95, 251-74; E. Hoffmann, *Der aristophanische Sokrates,* in «Jahresb. des philol. Vereines», Berlim, 1915, pp. 252-270; C. Pascal, *Socrate nei frammenti dei comici greci,* in «Rendiconti dell'Istituto Lombardo di Scienze e Lettere», 1923, pp. 909-20; R. Frese, *Die 'aristophanische Anklage', in Platons Apologie,* in «Philologus», 1926, pp. 376-90; H. Th. Rötscher, *Aristophanes und sein Zeitalter,* Berlim, 1927; R. Philippson, *Sokrates 'Dialektik in Aristophanes' Wolken,* in «Rheinisches Museum», 1932, p. 30; E. Angelopoulos, *Aristophane et ses idées,* Atenas, 1933; W. Schmid, *Das Sokratesbild der Wolken,* in «Philologus», XCVII, 1948, pp. 209-28; H. Erbse, *Sokrates im Schatten der aristophanischen Wolken,* in «Hermes», LXXXII,

1954, pp. 386 e ss.; P. Mesnard, *La vérité transcendentale du Socrate d'Aristophane,* in *Mélanges Diès,* Paris, 1956, pp. 181-90; M. Montuori, *Socrate tra le Nuvole prime e le Nuvole seconde,* in «Atti dell'Accademia di Scienze morali e politiche di Napoli», 1966, pp. 37 e ss.; L. Strauss, *Sokrates and Aristophanes,* Nova Iorque-Londres, 1966.

Platão: *Os Diálogos;* remetemos para a edição de J. Burnet, *Platonis opera,* 5 vols,, Oxford, 1900 e ss. Entre as muitas traduções italianas assinalamos a tr. it., da responsabilidade de vários, de todas as *Opere,* publicada por Editore Laterza, Bari, 1966, 1967[2] (servimo-nos em parte dessas traduções). Como é sabido, Platão é a fonte maior e mais sugestiva para a reconstrução da figura de Sócrates: todos, necessariamente, dela se serviram. Em particular, em oposição à interpretação de Xenofonte ou de Aristóteles, privilegiaram os diálogos de Platão, H. Maier, *Sokrates. Sein Werk und seine geschichtliche Stellung,* Tubinga, 1913 (tr. it., Florença, 1943); A. Busse, *Sokrates,* Berlim, 1914; J. Stenzel, *Sokrates,* in Pauly-Wissowa, *R. E.,* 1927; C. Ritter, *Sokrates,* Tubinga, 1931; J. Burnet, ed. do *Fédon,* Oxford, 1911, *Greek Philosophy,* Londres, 1914, *Sokrates,* in *Hastings Encyclopaedia of Religion and Ethics,* vol. XI; A. Taylor, *Varia socratica,* Oxford, 1911; Id., *Plato's Biography of Socrates,* in «Proceedings of the British Academy», VIII, 1917; Id., *Socrates,* Londres, 1933 (tr. it. Florença, 1952, 1969[2]). De particular interesse é a questão de saber se a *Apologia de Sócrates* de Platão reflecte, ou não, o real discurso de Sócrates. Sobre este problema, além das obras gerais sobre Sócrates e sobre Platão, cf. M. Schanz, *Dialoge Platos,* III, *Apologie,* Leipzig, 1893; I. Bruns, *Das Literarische Porträt der Griechen,* Berlim, 1896; Th. Gomperz, *Griechische Denker,* II[3], Leipzig, 1912; K. Joël, *Der echte und der xenophontische Sokrates,* I, 1893 e II, 1901; U. von Wilamowitz-Moellendorff, *Die xenophontische Apologie,* in «Hermes», XXXII, 1897, e *Platon, sein Leben und seine Werke,* Berlim, 1919, 1948[4]; G. Gomperz, *Die Anklage gegen Sokrates und i. Bedeutung für die Sokrateschung,* in «Neue Jahrbücher fur das klassische Altertum», LIII, 1924, pp. 129-73; Id., *Die Verteidigung d. Sokrates,* in «Wiener Studien», 1934, pp. 39 e ss.; Id., *Sokrates' Haltung vor seinen Richtern,* in «Wiener Studien», 1936; R. Frese, *Die 'aristophanische Anklage' in Platons Apologie,* in «Philologus», 1926, pp. 376-90; E. Wolff, *Platons Apologie,* Berlim, 1929; J. Morr, *Die Entstehung der platonische Apologie,* Reichenberg, 1929; J. Humbert, *Polycrates, l'Accusation de Socrate et le Gorgias,* Paris, 1930; R. Hackforth, *The Composition of Plato's Apology,* Cambridge, 1933; E. Ehnmark, *Socrates and the Immortality of the Soul,* in «Mélanges Rudberg», Göteburg, 1946, pp. 105-22; G. Galli, *L'Apologia di Socrate,* in «Paideia», 1947, pp. 273-92. Cf. além disso, V. de Magalhães-Vilhena, *Le problème de Socrate,* Paris, 1952, pp. 28-9. Sobre a questão do Sócrates histórico e sobre a interpretação que lhe deu Platão, além dos livros de Gigon e de Magalhães-Vilhena, vejam-se: E. Horneffer, *Platon gegen Sokrates,* Leipzig, 1904; A. Levi, *Socrate o Platone,* in «Rivista di Filologia classica», XLVI, 1918, pp. 256-71; E. Horneffer, *Der junge Platon-Sokrates und die Apologie,* Giessen, 1922; H. Gomperz, *Die sokratische Frage als geschichtliches Problem,* in «Historische Zeitschrift», CXXIX, 1924, pp. 377-423; A. Diès, *Autour de Platon,* Paris, 1927; P. Shorey, *The Question of the Socratic Element in Plato,* in «Proceedings of the sixth International Congress of Philosophy», Nova Iorque, 1927; J. Stenzel, *Sokrates als Philosophen,* in Pauly-Wissowa, *R. E.,* III, A 1, 1927; P. Friedländer, *Platon,* II, Berlim, 1930; W. D. Ross, *The Problem of Socrates,* in «Presidential Address delivered to the Classical Association», Londres, 1933, pp. 7-24; V. Martin, *Le problème du Socrate historique,* in «Revue de théologie et de philosophie», 1935, pp. 217-42; A. Hoffmann, *Zum Problem der Sokratesdarstellung* (em adenda à *Geschichte der Philosophie* de V. A. Gercke, II, Leipzig, 1936[6]); C. J. De Vogel, *Een Keerpunt in Plato's Denken,* Amesterdão, 1936; A. D. Winspear — T. Silverberg, *Who was Socrates?,* Nova Iorque, 1936 (tr. it., Urbino, 1965); P. Duncan, *Socrates and Plato,* in «Philolosophy», XV, 1940, pp. 339-62; R. Mondolfo, *Sócrates,* in *Moralistas Griegos,* Buenos Aires, 1914 (tr. it., Nápoles, 1960); W. Jaeger, *Paideia,* II, Nova Iorque, 1943 (tr. it., Florença, 1954); A. Banfi, *Socrate,* Milão, 1943; G. C. Field, *Plato and His Contemporaries,* Londres, 1948; V. De Caprariis, *Per una interpretazione di Socrate,* in «La parola del passato», II, 1947, pp. 166-188; E. De Strycker, *Les témoignages historiques sur Socrate,* in «Annuaire de l'Institut de Philologie et d'Histoires Orientales et Slaves», X, 1950, pp. 199-230; A. Capizzi, *Il problema socratico,* in «Sophia», XXV, 1957, pp. 199-207; A. Capizzi, *La testimonianza platonica. Contributo alla ricerca di una determinazione dell'elemento socratico nei dialoghi,* in «Rassegna di Filosofia», VI, 1957, pp. 205-21 e 309-37; G. J. de Vries, *Novellistic Traits in Socratic Literature,* in «Mnemosyne», XVI, 1963, pp. 35-42.

Antístenes: para os fragmentos de Antístenes indicamos a ed. sob a responsabilidade de F. Decleva Caizzi, *Antisthenis fragmenta,* Milão-Varese, 1966 (veja-se em Decleva Caizzi a *Bibliografia* sobre Antístenes e o comentário). Cf. também G. Winckelmann, *Antisthenes Fragmenten,* Gand 1931-32. Para uma bibliografia das influências de Sócrates sobre Antístenes e o cinismo cf. Magalhães-Vilhena, *op. cit.,* pp. 462-63 (também Humbert, *Socrate et les petits socratiques* cit.; veja-se além disso F. Sayre, *Antisthenes the Socratic,* in «Classical Journal», 1948, pp. 237-44).

Euclides de Mégara: vejam-se os fragmentos em F. W. A. Mullach, *Fragmenta philosophorum graecorum,* Paris, 1860-67 e em C. De Vogel, *Greek Philosophy,* I, Leiden, 1963. Para uma bibliografia relativa às relações entre o socratismo e os megáricos cf. V. de Magalhães-Vilhena, *op. cit.,* p. 460; J. Humbert, *op. cit.;* F. Adorno, *Il pensiero greco* cit.

Aristipo: para Aristipo e os cirenaicos veja-se a colecção dos fragmentos e dos testemunhos feita sob a responsabilidade de G. Giannantoni, *I Cirenaici,* texto grego e tr. it,, com amplo estudo introdutório, Florença, 1958; sob a direcção de E. Mannenbach, *Aristippi et Cyrenaicorum fragmenta,* Leiden, 1961. Para uma bibliografia relativa à relação socratismo-cirenaicos cf. V. de Magalhães-Vilhena, *op. cit.* e J. Humbert, *op. cit.*

Ésquines de Esfeto: veja-se a edição dos fragmentos e dos testemunhos sob a direcção de H. Krauss, *Aeschinis socratici reliquiae,* Leipzig, 1911. Sobre Ésquines de Esfeto cf. H. Dittmar, *Aischines von Sphetos,* Berlim, 1912 e J. Humbert, *op. cit.* (1967). Veja-se também B. Ehlers, *Eine vorplatonische Deutung des sokratischen Eros. Der Dialog Aspasia des sokratikers Aischines,* Munique, 1966.

Polícrates: a *Acusação contra Sócrates;* veja-se em Libânio (*Libanius Apologie des Sokrates,* sob a direcção de O. Apelt, Leipzig, 1922). Sobre a questão cf.: L. Breitenbrach, *Wer ist der κατήγορος in xenophont. Commentarion?,* in «Jahrbücher für klassische Philologie», XCIX, 1869, pp. 801-15; R. Hirzel, *Polycrate's Anklage und Lysia's Verteidigung des Sokrates,* in «Rheinisches Museum», XLII, 1887, pp. 329 e ss.; H. Markowski, *De Libanio Socratis defensore,* Breslau, 1910; K. Meiser, *Zu den Deklamationen des Libanios über Sokrates,* Munique,

1910; M. Schanz, *Die Anklagerede des Polykrates gegen Sokrates,* in «Wiener Studien», XXXII, 1911; F. Kiesow, *Chi è ὁ κατήγορος nel secondo capitolo del I libro dei 'Memorabili' di Senofonte,* in «Bollettino de Filologia classica», XXIV, 1919, pp. 129-33; J. Humbert, *Polycratès, l'accusation de Socrate et le Gorgias,* Paris, 1930; Id., *Socrate,* Paris, 1967.

Xenofonte: para uma reconstrução da figura de Sócrates tiveram particular importância *Os Ditos Memoráveis de Sócrates,* o *Banquete,* a *Apologia de Sócrates* e o *Económico;* veja-se a ed. sob a responsabilidade de E. C. Marchant, *Xenophontis opera omnia,* Oxford, 1921². Vejam-se os textos atrás citados citados em tr. it. sob a direcção de R. Laurenti, *Senofonte, Le opere socratiche,* Pádua, 1961. Em particular inspiraram-se em Xenofonte A. Labriola, *La dottrina di Socrate secondo Senofonte, Platone e Aristotele,* in «Atti della R. Accademia di Scienze morali e politiche di Napoli», 1871, e *Socrate,* sob a direcção de B. Croce, Bari, 1909; A. Döring, *Die Lehre des Sokrates als soziales Reformsystem,* Munique, 1895; Th. Gomperz, *Griechische Denker,* Leipzig, 1893; E. Boutroux, *Socrate fondateur de la science morale,* Paris, 1897. Para uma discussão filológica e histórica da fonte de Xenofonte, quer positiva quer negativamente, cf.: L. G. Dissen, *De philosophia morali in Xenophontis de Socrate commentariis tradita commentatio,* Göttingen, 1812 (in *Kleine Schriften,* Göttingen, 1839, pp. 59-88); Ch. Brandis, *Ueber die vorgebliche subjectivität der sokratischen Lehre,* Berlim, 1828; H. Ritter, *Geschichte der Philosophie,* Hamburgo, 1829-53; Ch. H. Bertram, *Der Sokrates des Xenophon und des Aristophanes,* Magdeburgo, 1865; A. Chaignet, *La vie de Socrate,* Paris, 1868; S. Ribbing, *Ueber das Verhältniss zwischen den xenophon. und platon. Berichten über die Persönlichkeit und d. Lehre des Sokrates,* Upsala, 1870; I. Hartmann, *Analecta Xenophontea,* Lugdunix 1875; K. Schenkl, *Xenophontische Studien,* in «Sitzungsberichte der Wiener Akademie», LXXX, 1875, pp. 87-182 e LXXXIII, 1876, pp. 103-78; A. Krohn, *Sokrates und Xenophon,* Halle, 1875; K. Lincke, *De Xenophontis libris socraticis,* Jena, 1890; K. Joël, *Der echte und der xenophontische Sokrates,* Berlim, 1893; A. Döring, *Die Lehre des Sokrates als soziales Reformsystem,* Munique, 1895; E. Pfleiderer, *Sokrates und Plato,* Freiburg, 1896; K. Lincke, *Sokrates und Xenophon,* in «Jahrbücher für klassische Philologie», XLII, 1896, pp. 447-56, 741-52, e XLIII, 1897, pp. 481 e ss., 705 e ss.; U. von Wilamowitz-Moellendorff, *Die xenophontische Apologie,* in «Hermes», XXXII, 1897 (cf.

também *Platon*, Berlim, 1920[2]); M. Wetzel, *Die Apologie des Xenophon*, in «Neue Jahrbücher für cl. Altert.», III, 1900, pp. 289 e ss.; A. Chavanon, *Etude sur les sources principales des 'Mémorables' de Xénophon*, Paris, 1903; O. M. Feddersen, *De Xenophontis Apologia Socratis et Isocratis Antidosi quaestiones duae Socratis litem attinentes*, Jena, 1907; L. Robin, *Les Mémorables de Xénophon et notre connaissance de la philosophie de Socrate*, in «Année philosophique», 1910 (in *Pensée hellénique des origines à Epicure*, Paris, 1942, 1967); H. Weissborn, *De Xenophontis in Commentariis scribendis fide historica*, Jena, 1910; H. Maier, *Sokrates. Sein Werk und seine geschichtiche Stellung*, Tubinga, 1913 (tr. it., Florença, 1943-44); F. Kiesow, *Il daimonion di Socrate*, in «Bollettino di Filologia classica», XXIV, 1919, pp. 34--40, 52-7; P. Vrijlandt, *De Apologia Xenophontis cum platonica comparata*, Lugduni Batavorum, 1919; H. von Arnim, *Xenophons Memorabilien und Apologie des Sokrates*, in «Det Kunglene Danske Videnskabernes», VIII, 1, 1923-24; H. Th. Rötscher, *Aristophanes und sein Zeitalter*, Berlim, 1927; A. Busse, *Xenophons Schutzschrift und Apologie*, in «Rheinisches Museum», LXXIX, 1930; K. von Fritz, *Zur Frage der Echtheit der Xenophon. Apologie des Sokrates*, in «Rheinisches Museum», LXXX, I, 1931, pp. 36-68; A. Delatte, *Le troisième livre des Souvenirs socratiques de Xénophon*, Liège-Paris, 1933-1938[2]; E. Edelstein, *Xenophontisches und platonisches Bild des Sokrates*, Berlim, 1935; K. von Fritz, *Antisthenes und Sokrates in Xenophons Symposium*, in «Rheinisches Museum», LXXXIV, 1935, pp. 19 e ss.; R. Simeterre, *La téorie socratique de la vertu science selon les Mémorables de de Xénophon*, Paris, 1938; G. Rudberg, *Sokrates bei Xenophon*, in «Uppsala Universitets Arsskrift», I, 1939; H. Müller — K. Steinhart, *Platons sammtliche Werke*, II, Berlim, 1951; V. de Magalhães-Vilhena, *Le problème de Socrate*, Paris, 1953; O. Gigon, *Kommentar zur ersten Buch von Xenophons Memorabilien*, Basel, 1953; O. Gigon, *Kommentar zur zweiten Buch von Xenophons Memorabilien*, Basel, 1956; A. H. Chroust, *Sokrates Man and Myth. The Two Socratic Apologies of Xenophon*, Londres, 1957; V. Longo, 'Ανὴρ ὠφέλιμος. *Il problema della composizione dei 'Memorabili di Socrate' atraverso lo scritto di difesa*, Génova, 1959.

Fédon, Críton, Critóbulo, Símias, Cebes, Querefonte, Cármides, Eutidemo, Menéxeno, Teeteto, Apolodoro, Querécrates, Aristodemo, Ermógenes, Teagetes, Cleômbroto, Ctésipo, Teódoto, Térpsion, Fedónides, Epígenes, Diodoro, Sócrates o jovem,

Simão, Alcibíades, Crícias, Isócrates, são todos eles nomes de pessoas que parece terem tido algo a ver com Sócrates e terem beneficiado do seu ensino: para os textos através dos quais reconstruir os seus modos de pensar e de comportar-se e as suas relações com Sócrates, cf. V. de Magalhães-Vilhena, *Le problème de Socrate* cit., pp. 464-7. Sobre a relação Sócrates-Isócrates cf. H. Gomperz, *Isokrates und d. Sokratiker,* in «Wiener Studien», XXVII, 1905, pp. 163-207 e XXVIII, 1906, pp. 1-42.

Aristóteles: *Metafísica, Ética, Magna Moralia, Política, Retórica, Analíticos Segundos, Elencos Sofísticos.* Para as referências a todas as passagens em que Aristóteles cita Sócrates e para uma discussão da interpretação de Aristóteles cf.: M. Th. Deman, *Le témoignage d'Aristote sur Socrate,* Paris, 1942 e V. de Magalhães-Vilhena, *Les textes socratiques d'Aristote,* in *op. cit.,* pp. 255 e ss. Na sua interpretação de Sócrates, fundador da ciência e do conceito, apontaram particularmente para Aristóteles, E. Zeller, *Die Philosophie der Griechen,* II, Tubinga, 1846; R. Pöhlmann, *Sokrates und sein Volk,* Munique-Leipzig, 1899; K. Joël, *Der echte und der xenophontische Sokrates,* Berlim, 1893-1901. Discutiram em particular os testemunhos de Aristóteles: A. E. Taylor, *Varia socratica,* Oxford, 1911; H. Maier, *Sokrates,* Tubinga, 1913 (tr. it., Florença, 1943-44); W. Gossler, *Die analytische und synoptische Begriffsbildung bei Sokrates, Platon und Aristoteles,* Heidelberg, 1913; P. Brokownew, *Sokrates Philos. in der Derstellung des Aristoteles,* in «Archiv für Geschichte der Philosophie», XXVII, 1914, pp. 295-304; W. D. Ross, *Aristotle's Metaphysic,* I, Oxford, 1924; W. D. Ross, *The Problem of Sokrates,* in «Presidential Address delivered to the Classical Association», Londres, 1933, pp. 7-24; M. Th. Deman, *Le témoignage d'Aristote sur Socrate,* Paris, 1942; A. Mansion, *Le témoignage d'Aristote sur Socrate,* in «Revue philosophique de Louvain», XLIV, 1946, pp. 133-4; A. H. Chroust, *Socrates in the Light of Aristotle's Testimony,* in «The new Scholasticism», XXVI, 1952, pp. 327-65.

A *Vida de Sócrates* de Aristóxeno, discípulo de Aristóteles, veja-se na ed. sob a direcção de F. Wehrli, *Die Schule des Aristoteles,* II, *Aristoxenos,* Basel, 1945; para os fragmentos de Dicearco de Messena, discípulo de Aristóteles, autor de uma *Vida do Mundo Grego,* de *Vidas* e de um *Diálogo sobre o Demónio de Sócrates,* cf. ed. sob a responsabilidade de F. Wehrli, *op. cit.,* I, *Dikaiarchos,* Basel, 1944; para os fragmentos do peripatético Demétrio de Falero, autor de uma obra *Sobre os Socráticos* (cf. Diógenes Laércio, II, 65 e VI, 8), veja-se a ed. sob a responsabilidade de F. Wehrli, *op. cit.*, IV, Basel, 1949; para algumas alusões à vida de Sócrates da parte de Dúrides de Samos, cf. Diógenes Laércio, II, 19; fonte para a vida de Sócrates de Diógenes Laércio foi também Tímon, o *Silógrafo,* com os seus *Silos* (cf. H. Diels, *Poetarum philosophorum fragmenta,* Berlim, 1901, pp. 182 e ss.); para Sócion, autor da *Sucessão dos Filósofos,* cf. H. Diels, *Doxographi graeci,* Berlim, 1897, p. 147; para Ermipo de Esmirna, autor de uma *Vida de Sócrates* (cf. Diógenes Laércio, II, 5) ver *Fragmenta historicorum graecorum,* III, p. 36; também o artigo *Ermippo* in Pauly-Wissowa, *R.E.;* para a desaparecida *Vida de Sócrates* de Sátiro, peripatético do séc. III, cf. F. Jacoby, *Fragmente der griechischen Historiker,* I, Berlim, 1923, p. 20; para Antígono de Caristo, que escreveu *Vidas de Filósofos,* cf. U. von Wilamowitz, *Antig. von Karystos,* Berlim, 1881; R. Köpke, *De Antig. Carystio,* Berlim, 1902; para Idomeneu de Lâmpsaco, discípulo de Epicuro, que escreveu um livro *Sobre os Socráticos* (cf. Diógenes Laércio, II, 20, 60; III, 36), veja-se C. Müller, *Fragmenta historicorum graecorum,* Paris, 1841, II, pp. 490 e ss. (cf. também F. Jacoby in Pauly-Wissowa, *R. E.,* artigo *Idomeneo*); fonte de Diógenes Laércio foi também Demétrio de Bizâncio (cf. Diógenes Laércio, II, 19 e ss.; II, 21; cf. também Aulo Gélio, *Noites Aticas,* XIV, 6, 5); sobre *Sócrates* e os Socráticos de Panécio cf. Diógenes L., II, 64; também A. Schmekel, *Die Philosophie der mittleren Stoa,* Berlim, 1892, pp. 231 e ss.; para Cícero cf. *Tusculanae disput.* V, 4; *De republica* I, 10; *Acad. post.* I, 4 e 15-8, II, 39, 123; *De finibus* V, 29, 87; *De officiis* II, 12, 43, III, 13, 11; *De oratore* I, 47, 204; para a *Vida de Sócrates de Diógenes Laércio,* cf. ed. sob a responsabilidade de H. S. Long, *Diogenis Laertii Vitae Philosophorum,* Oxford, 1964 (em tr. it. vejam-se as *Vite* de Diógenes sob a responsabilidade de M. Gigante, Bari, 1962). Para todas as outras notícias referentes a Sócrates da parte de autores antigos (Esfero de Bósforo, Díocles de Magnésia, Alexandre Polístore, Séneca, Epíteto, Arriano, Marco Aurélio, Justo de Tiberíades, Colotes, Plutarco, Máximo de Tiro, Apuleio, Favorino, Aécio, Ateneu, Estobeu, Porfírio, Juliano Imperador, Libânio, Temístio, Proclo Olimpiodoro, *Suda*, São Justino, Teófilo de Antioquia, Santo Hipólito, Clemente Alexandrino, Orígenes, Gregório Taumaturgo, Apolónio, Piónio, Fileia, Método, Eusébio, Tertuliano, Lactâncio, São João Crisóstomo, Santo Agostinho) cf. V. de

Magalhães-Vilhena, *Socrate et la légende platonicienne* cit., pp. 225-30 *(Doxographia Socratica)*.

Para o texto das sete *epístolas apócrifas* atribuídas a Sócrates, transmitidas sob o título *Epistulae socraticorum* (uma obra falsa que remonta ao III-II séc. a.C.), ver a ed. sob a direcção de R. Hercher, *Epistolographi graeci,* Paris, 1873, e L. Köhler, *Die Briefe des Sokrates und der Sokratiker,* Leipzig, 1928. Sobre elas vejam-se: W. Obens, *Quae aetate Socratis et Socraticorum Epistulae, quae dicuntur, scriptae sint,* Münster, 1912 e J. Sykutris, *Die Briefe des Sokrates und der Sokratiker,* Paderborn, 1933 (anast. Nova Iorque-Londres, 1968).

ÍNDICE

Impressão e acabamento
da
CASAGRAF - Artes Gráficas Unipessoal, Lda.
para
EDIÇÕES 70, LDA.
Setembro de 2002